싸우는 거 아니고요,
대화하는 중입니다

**싸우는 거 아니고요,
대화하는 중입니다**

초판 1쇄 인쇄 2025년 7월 3일
초판 1쇄 발행 2025년 7월 10일

지은이	임주아
펴낸이	곽철식

영업기획	박미애
디자인	임경선

펴낸곳	다온북스
출판등록	2011년 8월 18일 제311-2011-44호
주소	경기도 고양시 덕양구 향동동 391 DMC플렉스데시앙 KA 1504호
전화	02-332-4972
팩스	02-332-4872
전자우편	daonb@naver.com

ISBN 979-11-93035-86-3 03400

- 이 책은 저작권법에 따라 보호를 받는 저작물이므로 무단전재와 복제를 금하며, 이 책 내용의 전부 또는 일부를 사용하려면 반드시 저작권자와 다온북스의 서면 동의를 받아야 합니다.
- 잘못되거나 파손된 책은 구입한 서점에서 교환해 드립니다.

마흔 일곱 살에 입양한 엄마와
딸의 소소하고 감동적인 이야기

싸우는 거 아니고요, 대화하는 중입니다

임주아 지음

다온북스

들어가는 글

세상 모든 엄마는 특별하지만, 저에게 우리 엄마는 더 각별합니다.

저와 엄마의 만남은 제가 두 돌 반이 지나서였습니다. 기억에는 없지만 엄마와 주민등록 초본이 그렇다고 합니다. 간혹 제가 모르는 사람들이 저를 알아보았고, 의아했던 일이 여러 번 있었지만 그렇게 넘겼던 일들이 우리의 관계를 가리켰습니다. 어쨌든 저는 엄마의 사랑으로, 엄마의 인생에 들어섰습니다.

엄마는 임 씨, 아빠는 소 씨, 저는 이 씨. 동네 친구들과 어울리게 되면서 평범하지 않은 저를 마주하게 되었고, 아이들이 놀려대는 단어(업둥이, 고아)의 의미를 곱씹게 되었습니다. 초등학교 입학 전에는 엄마에게 친구들이 놀린다며 혼내 달라 떼쓰기도 했지만, 속으로는 암묵적 사실로 받아들이게 되었습니다. 인정하기 싫은 사실을 수긍해야만 했습니다. 때문에, 제 삶에서의 포기는 쉬워졌습니다.

궁핍했습니다. 초등학교 입학하고 석 달 후, 홍역을 앓았습니다. 큰 병원에 갈 돈이 없어 동네 작은 소아청소년과에 다녔습니다. 제가 사는 곳은 한남동 도깨비시장 달동네였습니다. 엄마는 고열로 40도가 넘는 저를 업고 계단이 많은 험한 길을 하루에 몇 번씩 오르내렸습니다. 일주일 넘게 잠 못 이루고 간호한 엄마의 지극한 사랑 덕에 저는 겨우 살아날 수 있었습니다.

없는 살림에 유치원에 가지 못했습니다. 저에게 글을 알려줄 사람이 아무도 없었습니다. 나이 많은 엄마는 일제강점기와 한국전쟁을 겪어 배우지 못했습니다. 초등학교 입학해서도 한참 만에 한글을 익혔습니다. 산수 시간, 선생님 질문에 한 마디도 못해서 아이들에게 비웃음거리가 되었습니다. 치욕스러웠습니다. 학원은커녕 준비물도 살 수 없을 때가 많았습니다. 준비물 사지 못해 수업 시간에 복도나 교실 뒤편에 서 있을 때면 속상한 마음에 눈물샘이 터졌습니다. 저를 도와줄 사람은 어디에도 없었습니다.

엄마는 시장에서 배춧잎을 얻으려 채소 가게 아주머니와 실랑이하고, 한여름에 돈이 아까워 야쿠르트 하나 사 먹지 못했습니다. 부족한 살림에 무엇이든 피같이 아끼고 아껴 저의 초등학교, 중학교, 고등학교 학비를 뒷바라지하던 엄마였습니다. 저는 엄마의 바람대로 살림에 보탬이 되려 상업고등학교에 진학했습니다.

고등학교 졸업 후, 직장생활 하다가 친구의 권유로 대학에 원서를 넣었습니다. 친구 따라 강남 간다고 덜컥 합격 되었습니다. 낮에는 직장에서 일하고 퇴근 후 학교에 갔습니다. 다니던 성당에서 한 학기의 장학

금을 지원받았지만, 턱없이 부족했습니다. 제 월급과 엄마가 파출부로 번 돈을 합쳐 모자란 학비를 겨우 마련할 수 있었습니다. 공부 마치고 집에 오면 자정에 가까운 시간, 그 시간에도 밥상 차려주는 엄마가 있었기에 힘들어도 끝까지 마칠 수 있었습니다.

직장생활 하다가 서른이 되던 해에 결혼했고요, 일 년 후 아이도 출산했습니다. 변화의 시간 속에도 엄마의 자리는 커다랬습니다. 함께 살면서 직장생활을 할 수 있도록 집안 살림을 맡아주었고, 아이도 키워주었습니다.

'엄마가 너에게 한 것처럼 네 자식에게도 똑같이 해줄 수 있겠니?' 묻는다면 대답하지 못하겠습니다. 저는 엄마처럼 헌신할 자신이 없기 때문입니다.

늘 든든하고 힘이 돼주었던 엄마가 올해로 93살이 되었습니다. 엄마의 기억은 흐려지고 몸은 약해져서 잘 흘리고 넘어지고… 당신 뜻대로 되지 않으니, 엄마 목소리만 나날이 커집니다. 마음은 예전 그대로인데 행동이 따라주지 않으니 성질나는 일만 가득합니다. 그런 엄마를 바라보는 저는 불안하기만 하고요. 혹시라도 엄마가 다칠까 걱정스러운 마음에 잔소리부터 나옵니다. 그런 제가 못마땅한 엄마는 섭섭한 마음을 거침없이 표현하지요. 집이 소란스러워지는 이유이기도 합니다.

어릴 때 엄마가 저에게 손 내밀어 준 것처럼, 저 역시 엄마에게 든든한 존재가 되고 싶습니다. 하지만, 마음과는 다르게 서투르게 표현되는 말과 행동이 자꾸 오해를 불러옵니다. 받은 게 많아서 갚아야 하는데, 빚으로 남을까 조마조마합니다.

엄마와 저의 관계에서 제 딸과 저의 미래를 보기도 합니다. 저 또한 나이 49살임에도 힘들고 아프면 짜증부터 나고 우울하기 마련인데 93세의 엄마 마음은 어떨지 가늠조차 되지 않습니다.

텔레비전의 출연자들이 자신 부모님 이야기할 때, 눈물부터 보이곤 합니다. 마음속 깊이 자리한 감사의 말을 선뜻 꺼내지 못하고, 사랑하면서도 표현하지 못했다고 후회합니다. 저 또한 그 마음과 다르지 않습니다. 현재 생활에 매여 눈앞의 것만 쫓다 보니, 진짜 속마음 표현하지 못합니다. 막상 입 밖으로 꺼내려니 쑥스럽고 닭살부터 돋습니다. 굳이 말로 안 해도 다 알겠지. 넘겨 버립니다.

엄마는 노인입니다. 당장 세상을 등져도 이상하지 않을 나이가 되었습니다. 저에게 빚 갚을 시간이 얼마 남지 않았습니다. 눈앞이 아찔합니다. 저는 아직 엄마와 이별할 준비가 되지 않았습니다.

결혼해서 자식 낳고 인생의 절반을 살아온 딸이 미덥지 못해서 아직도 뭐든 간섭하고 잔소리하는 엄마가 미울 때 많지만, 아직은 보낼 수 없습니다.

언젠가는 헤어질 날이 오겠지요. 자꾸만 아이가 되어가는 엄마를 보고 있으면 속상하고 마음 아픕니다. 전과 다르게 엄마는 가슴 아플 말만 골라 하기도 하고, 짜증도 많아졌습니다. 제가 선물한 새 내복을 장롱 깊숙이 넣어둡니다. 목이 늘어나다 못해 가슴팍까지 내려온 내복이 편하다며 새건 꺼내지도 못하게 하는 엄마가 답답합니다.

하루는 큰소리가 나고 하루는 조용합니다. 그래서 하루는 불편하고 하루는 편안합니다. 일상을 어떻게 지내야 엄마도 저도 마음 다치지 않을지 독서하고 공부합니다. 하지만 현실은 생각대로 흘러가지 않습니다. 마음속 빚을 탕감하고 있는 건지, 더 늘리고 있는 건지 잘 모르겠는 상황이 이어집니다.

엄마는 저의 미래입니다. 노인은 우리의 미래입니다. 오지 않았으면 좋겠지만 언젠가는 오고야 말겠지요. 앞으로 노인이 될 나의 모습. 딸의 모습에서 지금의 저를 발견하게 될 그날을 위해 '노인이 된 엄마와의 소소한 일상 이야기' 적어 내려가 봅니다.

투덕거리는 저와 엄마의 일상이 노인 부양에 어려움을 겪는 이들에게 조금이나마 한숨 돌리는 위로의 시간이 되기를 바랍니다. 당신만 힘들고 어려운 것이 아니라고. 모두가 이렇게 대환장 파티를 하고 산다고.

차례

들어가는 글　　4

1　엄마가 사라지다

아흔셋 엄마, 아이가 되다　　15
의료기기 체험장의 의미　　20
죽어도 집에서 죽겠다는 말　　25
오해는 먼지처럼 쌓인다　　30
씻는 건 싫어　　35
버리지 마　　40
너도 내 나이 돼봐라　　45
밥 안 먹어!　　50

2 우리 엄마는요

천사 같은 엄마 57
투박한 말투 사이에 62
엄마의 잔소리 67
엄마가 되어 보니 72
세상에서 가장 귀한 딸 78
칭찬은 뒤에서만 83
쌈짓돈이 목돈 되어 87
밥이 제일 중요해 92

3 아이 같은 우리 엄마 안아주기

잘하려 말고 싫어하는 일 하지 않기 99
노인을 위한 나라는 없다 104
언제나 역지사지 108
영원한 나의 엄마 113
딸이라도 불편한 일 118
복지제도 이용하기 123
오래 살고 싶다는 말 127
젊은 내가 참아야지 131

4 엄마가 내 아이가 되었습니다

엄마 소원은 **139**
혼자는 외로워 **144**
엄마 기억 속에는 **149**
부끄러운 일 아닙니다 **154**
내가 할 수 있는 최선 **159**
이 나이 먹도록 그렇게 살았다 **164**
엄마는 걱정 인형 **169**
생선 대가리 **174**

5 엄마는 나의 미래다

누구나 노인이 됩니다 **181**
늙어간다는 것은 **186**
지켜야 할 사람이 있다면 **191**
엄마는 노인입니다 **196**
준비된 죽음에 대하여 **201**
남들 말 신경 쓰지 마요 **206**
노인 돌봄 유의 사항 **211**
죽음도 공부해야 합니다 **216**

마치는 글 **221**

1

엄마가 사라지다

아흔셋 엄마, 아이가 되다

딸아이의 등교 준비로 하루가 시작됩니다. 딸은 사춘기입니다. 학교에 가기 싫다는 아이를 억지로 등교시키는 것은, 전쟁입니다. 저는 아이를 기분 상하지 않게 살살 달래서 등교시키려 부단히도 노력합니다. 평소라면 아이 등교 시간은 엄마의 기상보다 빠릅니다. 그러나 종종 새벽잠 없는 엄마가 아이보다 일찍 일어나는 날이면 아침부터 집안에 큰소리가 나곤 합니다.

"지금 시간이 몇 시냐! 애는 아직 안 일어났냐? 학교에 안 가면 어쩌려고 그래. 빨리 깨워서 보내라!"

알아서 할 건데… 엄마의 말에 저는 기분부터 상합니다.

눈 뜨기 전 잔소리 아닌 큰소리부터 듣게 된 아이는 미간부터 찌푸립니다. ADHD와 반항성 행동 장애를 진단받아 7년 넘게 약을 먹고 있습니다. 좋아졌다가 나빠지기를 반복합니다. 저는 되도록 아이를 자극하지 않으려 노력하는데 엄마는 아이가 아프다는 말에 아랑곳하지 않습니다. 그저 못된 성질 부리는 손녀라고 핀잔할 뿐입니다.

"내가 무슨 싫은 소리를 했다고 성질을 내냐. 꼭 제 어미를 닮아서!"

팔다리가 부러진 것도 아니고, 어디가 아파서 누워있는 것도 아니라서 이해하기 힘듭니다. 엄마 눈에는 상처가 보이지 않으니, 아프다고 말해도 자꾸만 잊어버립니다. 성질내는 아이를 혼내지 않고 내버려둔다며 저도 똑같은 사람이라 합니다. 저를 닮아 애 성질이 못됐다고 합니다. 참을성 없는 아이는 자신 일에 할머니는 상관하지 말라며 현관문이 부서지도록 쾅 닫고 집을 나섭니다.

"엄마. 제발 내가 알아서 할 테니까. 자꾸 옆에서 잔소리하지 마! 내가 애 엄마인데 애한테 나쁘게 하겠어?"

"내가 무슨 해로운 소리 했냐? 걱정돼서 한 소리지! 할머니가 한 소리 했다고 저러고 나가는 게 잘했다는 거냐?"

"밥을 먹으면 바로 개운하게 치워야지. 싱크대에 계속 담가놓고 앉아서 놀고 있냐. 왜 그렇게 생겨 먹었냐!"

저는 식사 후 설거지를 바로 하지 않습니다. 밥 먹고 차 마시고 한참을 쉰 후 마무리합니다. 엄마는 늘 그런 제가 못마땅하고요. 엄마의 온 신경이 저에게만 쏠린 것 같아 답답할 때가 많습니다. 일제강점기와 한국전쟁으로 불안한 인생을 산 엄마는 무엇에 쫓기는 건지, 엄마 기준으로만 저를 볼 때마다 숨이 턱턱 막힙니다.

"엄마 제발 나 좀 가만히 내버려둬. 지금 당장 설거지 안 한다고 큰일 나는 것도 아니잖아?"

저의 목소리가 커지면 엄마는 옛날이야기를 꺼내 놓기 시작합니다.

"나는 너 그렇게 안 키웠다!"

이십 년 전. 엄마는 칠순을 앞두고 뇌졸중을 앓았습니다. 가뜩이나 투박한 말투를 쓰는데 발음이 되지 않으니 더 크고 세게 발음할 수밖에 없다 합니다. 아픈 엄마를 이해하려 노력하지만, 한편으로는 조금은 친절하게 말할 수 없는지 속상할 때가 많습니다.

엄마의 어린 시절에 집안 살림이 어려워 학교에 가지 못했습니다. 가난한 집 딸이라는 이유로 배움의 길이 막혀버렸습니다. 사내로 태어난 남동생들은 모두 학교에 다녔지만, 엄마는 딸이라 집안에 보탬이 되기 위해 일만 했습니다. 일제강점기를 겪고 열일곱 어린 나이에 시집을 갔습니다. 그마저 6·25전쟁이 일어나는 바람에 결혼한 지 몇 달도 되지 않아 남편마저 잃었습니다. 남편 없는 집에서 시부모님과 사는 며느리. 어떤 심정인지 엄두조차 나지 않는 고단한 삶이었습니다. 말 한마디에 상대가 상처받는지조차 생각할 겨를도 없이, 살아있어서 살아야 하는 치열한 세월을 보냈습니다. 어쩌면 상처 주는 말을 해야 당신이 강해 보이는 삶을 살았을지 모르겠습니다.

누구보다 손녀딸을 귀하게 키웠습니다. 예민한 아이. 잠들지 않고 두 시간에 한 번씩 일어나 우는 아이를 저와 엄마가 번갈아 가며 밤을 지새웠습니다. 아이는 소화기관이 약해서 구토를 자주 하였고 옷과 이불 빨래를 하루에도 서너 번씩 하기 일쑤였지요. 제가 육아휴직 기간이 끝나고 출근해야만 했을 때도 혼자 집안일과 아이를 돌보며 최선을 다했던 엄마였습니다. 아이의 돌이 돌아올 때쯤, 엄마의 몸무게는 10킬로그램이 빠져 있었습니다. 그런데도 엄마 눈에서는 사랑이 뚝뚝 떨어지고 손녀를 위해서라면 뭐든지 할 정도로 손녀 사랑이 대단했습니다. 퇴근해서 돌아오는 버스 정류장. 손녀를 포대기에 둘러업고 마중을 나온 엄마의 모습은 아직도 생생하게 그려집니다.

제가 엄마를 만난 건 두 돌 반이 지나서였습니다. 엄마와의 나이 차가 20년 넘는 할아버지의 식모로 서울에 올라와 일할 때였습니다. 그때 저의 기억은 없고 남아있는 사진으로만 짐작할 뿐입니다. 사진 속엔 지금보다 훨씬 젊고 고운 엄마가 웃고 있습니다. 저를 가슴으로 낳기로 했을 때입니다. 그때 엄마의 마음이 어떤 마음이었을지는 아직도 모릅니다. 내 속으로 낳은 자식도 이렇게 부딪히고 싸우고 미운데 엄마는 그 세월을 어떻게 지내 왔을지 모르겠습니다.

사춘기 때 저의 모진 말로 엄마를 다그친 적 한두 번이 아닙니다.
"이렇게 거지같이 살 거면 왜 나를 데려다 키웠어?"
"부모가 돼서 이런 것도 안 해주고. 엄마 자격이 없어!"
철없는 아이의 말에도 상처받는다는 것을 엄마가 되고 나서야 알았습니다. 성질난다고 마구 던진 험한 말에도 마음속 큰 구멍이 난다는 것을요.
"이럴 거면 왜 나를 낳았어?"
"부모가 돼서 이런 것도 안 해주고. 낳는다고 다 부모인 줄 알아?"
부메랑이 되어 날아오는 모진 말들은 어쩌면 당연한 업보인지 모르겠습니다.

가진 걸 모두 주고도 부족하다 늘 미안해하는 엄마였습니다. 제가 요리를 잘하지 못하고, 청소나 빨래, 정리 등 집안일에 둔하고 관심 없는 이유는 지금껏 엄마가 저를 아끼고 사랑했다는 증거입니다. 학교 다닐 때, 실내화 빨았던 기억이 두 번밖에 없습니다. 세탁기도 없이 차디찬 물로 손빨래해야 했던 가난한 시절, 저의 옷과 실내화, 속옷까지 모두 빨아 주고도 힘들다고 내색 한번 하지 않았던 엄마였습니다. 당신은 찬물을 쓰더라도 연탄불에 뜨거운 물을 끓여 세숫물을 준비해 주던 엄마였습니다.

"이제는 내가 너한테 도움이 되고 싶어도 기운 없어서 못 해."

엄마의 잔소리 끝에 작은 혼잣말 들립니다. 걱정하는 엄마 앞에서 저는 한없이 작아집니다.

의료기기 체험장의 의미

"여기 약수사거리인데요. 할머니가 버스에 치였어요. 저는 경찰이에요!"

엄마 전화번호로 걸려 온 통화에서 들리는 낯선 남자의 목소리에 숨이 쉬어지지 않았습니다. 출근하는 저보다도 일찍 서둘러 집을 나선 엄마입니다. 나간 지 십여 분 만에 걸려 온 전화는 저의 심장을 쥐었다 놨다 했습니다.

"지금 오실 수 있나요? 119가 출동해서 가까운 병원으로 모시고 가려는데 어디 병원으로 가면 되나요?"

순간 눈앞이 하얘지고 심장이 떨려서 입이 떨어지지 않았습니다. 일단 가까운 S 대학병원에서 만나기로 하고 택시를 타고 병원으로 향했습니다. 시간이 멈춘 듯이 머리가 멍하고 어떻게 해야 할지 어떤 생각도 할 수 없었습니다. 뇌가 정지한 것 같았습니다.

엄마의 의료기기 체험장(약장수) 사랑은 삼십 년 정도 되었습니다. 공짜로 휴지와 바가지 그리고 설탕 등 값싼 물건을 받아오고 고가의 물건을 사 오곤 했습니다. 온갖 애교를 부리고 '엄마'라고 부르며 자식보다 더 노인의 비위를 잘 맞추는 사람들을, 저는 이길 수가 없었지요. 엄마는 수백만 원 고가의 전동침대와 알칼리 이온정수기, 그리고 전극 치료기 2대를 샀습니다. 돈이 없는 엄마와 동네 할머니들은 48개월 할부 어쩌면 그 이상으로 긴 시간 동안 돈을 갚았습니다. 할부가 끝나면 또 다른 제품의 구매를 유도했고 할부금을 내는 와중에도 적외선 팬티, 무좀이 낫는 양말, 원적외선이 나온다는 프라이팬, 집안의 풍수를 좋게 해준다는 금박 거북이까지 그곳에서 파는 온갖 제품들을 사들였습니다.

'내가 아픈데 자식들이 무슨 소용인가? 내가 건강한 것이, 자식을 위한 길이다!'라고 주장하는 약장수들의 사탕발림에 넘어가 가진 쌈짓돈을 탈탈 털렸습니다. 나라에서 노인에게 지급하는 노령연금을 목표로 그들은 어떻게든 싹싹 긁어갈 궁리만 하는 듯했습니다. 그런 이유로 자식들은 경찰서에 신고하기도 했고 부모님과 싸우기도 했지만, 번번이 건강을 빙자한 그들의 유혹에 빠져 있는, 부모님을 이겨내기는 어려웠습니다. 저 또한 그중 한 명이었습니다. 경찰서에서는 허가받은 곳이라 따로 단속이나 조치를 할 수 없다는 말만 들었을 뿐입니다. 두 손 두 발을 다 들어버린 저는, 어쩔 수 없다면 '플라세보 효과라도 있겠지'하고 마음 편할 엄마를 생각하며 져드렸습니다.

그날 역시 엄마는 의료기기 체험장에서 쿠폰을 준다고 부리나케 가던 길이었습니다. 건널목에서 우회전하던 버스가 체구가 작은 엄마를 미처 발견하지 못한 채 그대로 받아버렸습니다. 응급실에 도착했을 때 엄마는 심히 놀란 상태였습니다.

"엄마! 괜찮아? 많이 다쳤어?"

"몸을 움직일 수가 없다. 아이고, 썩을 놈의 버스가 가만히 있다가 내가 길을 건너려니까 덮쳤어!"

목소리가 제법 카랑카랑한 엄마의 목소리를 듣고 나니 안심되었습니다. 응급실까지 오면서 다시는 엄마를 보지 못할까 기절할 지경이었습니다.

응급실에서 기본 엑스레이 검사와 CT 검사를 마친 후 결과가 바로 나왔습니다. 허리가 골절된 것 말고는 크게 이상은 없다고 했습니다. 의사는 너무 고령이고 골다공증이 심해서 수술보다 시술하는 것이 낫겠다고 진단했습니다. 가장 빠른 시술 날짜를 잡고 입원 절차를 밟았습니다. 입원하고 누워있는 엄마의 모습을 보고 있자니 심히 속상해서 저도 모르게 잔소리가 터지듯 쏟아 나왔습니다.

"엄마! 버스처럼 큰 차가 오면 차를 먼저 보내고 건너야지. 약장수한테 가는 게 뭐가 급하다고 이 사달을 내!!!"

버스 사고 이후, 엄마의 거동은 크게 달라졌습니다. 부러진 허리 골절 때문에, 전보다 더 혼자 힘으로 걷기 힘들어졌습니다. 집으로 요양보호사가 방문하게 되었고, 외출할 때는 늘 보조기구와 지팡이를 사용해야 했습니다. 이제 혼자서는 자유로이 밖에 다니지 못하게 되었습니다. 운동하지 못하니 근력이 약해지고 몸이 쇠약해졌습니다. 근육은 온데간데없이 사라져 뼈만 남았지요. 약해진 몸 때문에 입맛이 떨어져서 밥알이 모래알 같다며 한동안 식사도 못 했습니다. 밥 대신 유동식을 먹고, 있었던 기저질환들이 더욱 나빠져 불안증마저 생겼습니다. 어떻게든 먹어야 산다며 억지로 식사를 도왔지만, 좋아졌다가 나빠지기를 반복했습니다. 그래도 엄마는 하루하루 잘 이겨내고 있습니다.

엄마는 의료기기 체험장을 가고 싶어도 가지 못하는 상황이 되었습니다. 처음에는 그곳이 더없이 원망스럽고 괘씸하다는 생각이 가득했고, 더 이상 갈 수 없게 되어 다행이라 여겼습니다. 종종 엄마는 하루가 너무 길다고 말합니다. 친구가 없으니 말할 사람도 없고, 온종일 텔레비전 보는 것도, 잠을 자는 것도, 혼자 뭘 해도 재미가 없다고 합니다. 엄마는 가끔 의료기기 체험장에 가고 싶어 합니다. 사귀었던 친구들은 잘 있는지, 그동안 어떤 재미있는 일들이 있었는지, 그 사이 하늘로 간 친구가 있는지 등등 궁금한 게 많습니다. 엄마에게 의료기기 체험장은 물건만 사고파는 곳이 아니었습니다. 또래 친구들과 무료함과 외로움을 달래고, 새로운 친구를 사귀고, 점심 도시락도 함께 나누어 먹는, 나름의 소중한 시간을 보내는 곳이었습니다. 엄마가 학교에서 경험하지 못한 일들을 의료기기 체험장을 통해서 했던 겁니다.

한집에 살면서도 먹고 사는 일에 집중한다며 엄마에게 무심했던 것을 반성합니다. 평일에는 회사로 달아나 버리고 주말에는 피곤하다며 엄마와의 시간에 소홀했습니다. 아이는 아이라 챙기고, 남편은 남편이라 챙기고, 엄마는 알아서 잘하시니 넘어갔습니다. 사랑은 내리사랑이라 받은 만큼도 해주지도 못하면서 큰소리만 치는 못난 딸이라 부끄럽습니다.

이런 형편없는 자식보다 마음 챙겨주고 재미있게 해주는 약장수를 좋아하는 것이, 엄마 상황에서는 어쩌면 당연한 것이 아니었나 추측해 봅니다. 엄마의 교통사고가 약장수 때문에 생긴 일이라고 원망만 했던 것이 조금은 미안해지기도 합니다.

 엄마! 체험장에 매일 놀러 가도 잔소리 안 할 테니, 얼른 건강해져서 놀러 가셔요!

죽어도 집에서 죽겠다는 말

지어진 지 이십 년이 넘은 낡은 집에서 살고 있습니다. 담장에는 금이 가고, 화장실 천장에선 물이 새고, 문틈으로는 바람이 들어옵니다. 웃풍이 세서 영하의 날씨에는 방에서도 잠바를 입고 잡니다. 몇 해 전, 엄마에게 이사 가자고 졸랐습니다.

"나는 이 집에서 죽어서 나갈 거다. 이사 안 간다!"

답답했습니다. 다 큰딸이 하자는 대로 따라도 되지 않을까 싶었지요. 엄마는 멀쩡한 집을 두고 왜 이사를 하냐, 익숙지 않아서 길을 잃으면 어쩌냐, 이제 몸이 힘들어서 이사 못 간다 등등 일어나지도 않은 일을 걱정했습니다. 예민한 성격에 신경 쓰다가 병나지 않을까 이사 생각을 접었습니다. 같은 이유로, 엄마가 반대하는 일은 뭐가 됐든 굳이 하려고 하지 않습니다. 삶의 끝에 당신이 좋아하는 '집'을 고집하는 엄마와 대립하기 싫습니다. 불화를 일으키며 강행할 수도 있는 문제겠지만, 엄마 마음을 다치게 하면서까지 이사하고 싶지 않습니다. 담장에 페인트칠하고, 화장실 천장 공사도 하고, 문틈에 바람막이도 붙입니다.

2년 전, 이층집에 새로운 이웃이 이사왔습니다. 엄마와 다섯 살 차이 나는 비슷한 연배의 할머니가 계셨지요. 두 분은 같은 건물에 산다는 이유 하나만으로도 급속도로 가까워졌습니다. 두 분이 나란히 보행기를 끌고 한의원도 가고 동네 놀이터에도 산책하러 갔습니다. 엄마가 입맛이 없어 밥을 못 먹겠다고 했을 때, 2층 할머니는 반찬을 만들어 주기도 했습니다. 비슷한 처지인 사람이 그 마음을 더 이해한다고 할머니와 엄마는 마음이 통한다고 했지요. 서로 적적했었는데 가깝게 친구가 생기니 좋다고 신이 났습니다. 무엇보다 두 분 모두 집에 혼자 있는 시간이 많아서 힘들었는데, 함께 이야기도 나누고 차도 마시고 하니 즐겁다고 합니다. 덩달아 기분이 좋습니다. 만약 우리가 이사했었더라면, 엄마는 2층 할머니를 만날 수 없었을지도 모릅니다.

　엄마는 신장이 좋지 않습니다. 피곤하거나 몸 상태가 나쁘면 다리에 쥐가 나고 발이 퉁퉁 붓습니다. 가끔 엄마의 다리를 보고 무서워서 병원에 입원하자고 해도 절대 안 간다고 하지요.
　"나는 죽어도 집에서 죽을 거다!"
　보통 아파서는 절대 병원에 가지 않습니다. 엄마는 아흔셋입니다. 그 나이에는 몸뚱이가 여기저기 아픈 것은 당연한 일이랍니다. 검사라도 받아보자면 아는 것보다 모르고 죽는 게 낫다며 손사래를 칩니다.

　잠자다가 다리에 쥐가 나서 '띵똥이' (엄마 침대 머리맡에 비상벨을 설치했습니다.)를 누르는 날에는 밤잠을 설칩니다. 발밑에서 시작된 뒤틀림은 허벅지까지 올라가 고통이 심하다고 합니다. 파스를 가져가 허벅지와 다리에 덕지덕지 붙이고 힘주어 주무릅니다. 한 참 실랑이 끝에 쥐가 멈추면 엄마의 넋두리가 시작되곤 합니다. "썩을 놈의 다리가 왜 이리 사람을 힘들게 하는지. 이렇게 아픈 바엔 차라리 죽는 게 낫겠다."

"그렇게 아프면 병원에 가보자. 엄마는 왜 자꾸 병원에 안 가려고 해?"

엄마가 이해되지 않습니다. 큰 병이 생기기 전에 빨리 손을 써서 나을 생각을 해야지, 속수무책으로 아무것도 하지 않고 자꾸 집에서 죽는다는 말만 하는지 속을 알 수가 없습니다. 엄마의 말이 무섭고도 화만 났습니다. 엄마가 끝끝내 병원에 가지 않으려는 이유를 2층 할머니와의 대화로 알게 되었습니다. 혹여나 큰 병이 생겨 다시는 집에 오지 못할 상황이 생길까 염려해서랍니다. 엄마에게는 집이 어떤 의미인지 저는 알 길이 없습니다.

엄마가 늘 입버릇처럼 하는 말이 있습니다.

- 나는 죽어도 집에서 죽고 싶다.
- 내가 아파도 병원에서 누워있다가 죽고 싶지 않으니 입원시키지 마라.
- 연명치료는 하지 마라.

얼마 남지 않은 시간을 병원에서 약에 의지한 채 식구들도 보지 못하고 낯설게 지낼 생각을 하면 아찔하다고 했습니다. 조금 더 살기 위해 약으로 연명해서 며칠이고 몇 달이고 누워 살면 뭐 하냐고요. 조금이라도 당신이 살던 집, 익숙한 환경에서 마지막을 보내고 싶다고 합니다. 그렇게 듣기 싫던 '집에서 죽겠다!'라는 말이 저도 공감되었습니다.

제 나이도 곧 오십입니다. 저 역시 엄마의 길을 따라가게 가겠지요. 어쩌면 엄마 나이가 되기도 전에 비슷한 생각을 할지 모를 일입니다. 사람들 말처럼 오는 데는 순서가 있어도 가는 데 순서가 없다지요. 인간은 언젠가는 죽고 죽음은 우리 모두에게 공평하게 남아있는 숙제입니다. 죽음은 나와 상관없는 먼 이야기였다가 또 어느새 제일 가깝게 있는 동전의 앞뒷면 같습니다. 영원히 살 것처럼, 사소한 일에 아등바등하고 살아가니 말입니다. 죽음 앞에 무엇이 중요한 일일까요? 엄마는 어느새 죽음의 최전방에 나가 있습니다.

우리나라는 집에서 사람이 사망하게 되면 119와 경찰관의 입회하에 사인을 확인합니다. 경찰의 확인 절차를 거쳐 장례를 진행할 수 있게 됩니다. 일본에는 간병보험(개호보험)이 있습니다. 요양보호사, 간호사의 가정 방문 서비스를 포함하여 통원·입원 서비스를 포괄하여 제공합니다. 노인이 본인 집에서 마지막을 준비할 수 있도록 여러 도움을 줍니다. 집에서 필요한 요양을 요양보호사가, 의료적 돌봄을 간호사와 의사가 방문하여 돌봐줍니다. 방문 서비스를 신청하면, 집에서 죽음을 맞아도 아무런 제도적 문제가 없다고 합니다. 주치의가 사망진단을 내리고, 이후 장례 절차가 진행됩니다.

대한민국에도 노인장기요양보험이 있지만, 제공되는 서비스에는 제한적입니다. 우리나라는 시설에 입소해 마지막 여생을 연명하는 것에 초점을 두는 게 현실입니다. 개인적 생각입니다만 자식들의 요양원·요양병원의 입원 권유에 노인들이 버려졌다고 생각하는 이유가 그것이라 생각합니다. 우리도 고령화의 시대에 맞춰 폭넓은 제도들이 마련되었으면 하는 간절한 바람을 가져봅니다.

집에서 죽겠다는 엄마의 말이 진절머리나도록 듣기 싫었습니다. 죽음을 되도록 멀리 두고 싶은 마음을 깊게 헤아리지 못하고 왜 그런 소리를 하나 핀잔만 주었습니다. 이제는 도망가지 않고 현실적으로 생각하려 합니다. 정말 그런 일이 일어난다면 제가 무엇을 준비해야 할지 어떻게 해야 할지 조금씩이나마 생각해 보려 합니다. 두렵다고 계속 미루지 않으렵니다. 엄마가 하는 마음의 준비를 이제는, 저도 천천히 따라가야겠습니다.

오해는 먼지처럼 쌓인다

"엄마, 내 일은 내가 알아서 할게! 제발 좀 나 하는 일에 잔소리 마! 엄마는 건강이나 신경 써요!"

하는 일마다 일일이 참견하고 감시하는 듯한 엄마가 버겁게만 느껴집니다.

엄마와 저는 44년이라는 나이 차이가 있습니다. 십 년이면 강산이 변한다는 걸 네 번이나 하고 4년을 더한 그 시간은 실로 엄청납니다. 엄마와의 대화가 답답하게 느껴지는 것은, 어쩌면 당연한 일이겠지요.

건강프로그램에서 프라이팬 코팅이 벗겨지면 나쁜 성분이 나와 건강을 크게 해칠 수 있다는 것을 실험으로 보았습니다. 평소 벗겨진 프라이팬을 신경 쓰지 않고 사용했으나 막상 그 수치를 보니 당장에 내다 버려야겠다는 생각이 들었지요. 우리 가족이 먹는 음식에 발암물질이라니. 건강 하려고 먹는 음식이 주방 도구 때문에 오히려 악영향을 준다고 생각하니 아찔했습니다. 흠 있는 것은 버리려고 재활용 봉투에 넣어두고 새 프라이팬을 사서 꺼내 놓았습니다.

"멀쩡한 프라이팬을 왜 버려? 버리고 사는 게 취미냐? 우리 집은 돈이 많아서 탈이야. 내가 다 쓸 거니 버리지 마!"

여러 개의 크고 작은 항아리, 흙만 담긴 화분, 엄마의 찢어진 러닝셔츠는 엄마의 훈장인가 봅니다. 오래된 물건으로 가득한 우리 집. 엄마는 그 무엇도 버리지 못하게 합니다.

음식 만들 때도 마찬가지입니다. 신선하지 못한 재료가 아까워 버리지 못하고 더 상하기 전에 요리합니다. 저라면 버리고 말았을 것을요. 손녀딸이 남긴 밥을 보며 '먹을 것 버리면 벌 받는다!' 꼭 한소리씩 합니다. 전쟁통에 먹지 못하고 입지 못해 맺혔던 기억을 잊지 못한 이유일 겁니다.

수납 전문가들은 일 년 안에 입지 않은 옷과 신발들은 앞으로도 사용하지 않을 가망성이 높다고 합니다. 실제로도 그렇습니다. 사용하지 않는 물건들이 집안에 이리저리 처박혀 자리만 차지하고 있습니다. 보는 눈이 복잡합니다. 큰맘 먹고 딸과 함께 옷장과 신발장을 정리했습니다. 50리터짜리 재활용 봉투가 다섯 봉지나 나왔지요. 저는 엄마가 그것들을 보고 또 역정 낼까 싶어서, 몰래 버리려 했습니다. 엄마가 잠든 시간에 버리려고 재활용 봉투를 베란다에 쌓아두었습니다. 하지만, 부피가 너무도 큰지라 얼마 가지 않아 발각되고 말았습니다.

"버리고 또 살려고 이렇게나 많이 쌓아놨어? 내가 모를 줄 알고? 네가 언제까지 돈을 펑펑 쓰고 살성싶냐! 한 푼이라도 아껴 살아야지! 정신을 못 차리고!"

"엄마! 나도 나이 먹을 만큼 먹었고, 자식 낳고 내 살림하고 사는데 뭐가 그렇게 못마땅해! 오래전에 전쟁 끝났어. 진짜 답답해서 못 살겠네!"

말끝마다 저를 위한 일이라지만, 싫은 소리 듣기 싫어 미칠 지경입니다. 참다 참다 한번 폭발하면 멈출 수가 없습니다. 있는 대로 한바탕 성질을 내고 나면 엄마는 마음이 다쳐 한동안 방에서 나오지 않습니다. 한참 후, 얼굴이 붉으락푸르락해진 엄마가 거실로 나와 울분을 토합니다.

"내가 너 잘되라고 하는 소리지. 잘못되라고 하는 소리냐? 내가 너를 어떻게 키웠는데? 너 나한테 이렇게 하면 벌 받는다. 너는 머리카락으로 짚신을 만들어줘도 내 공을 다 못 갚아! 너 아기 때, 병신처럼 다리 휘었다고 아무도 안 데려간대서 내가 널 키운 건데. 너는 나 아니었으면 벌써 죽었어! 혼자 잘난 줄 알고. 머리 검은 짐승은 거두는 게 아니라더니!"

잦아지는 감정싸움으로 서운한 엄마는 가장 아픈 곳을 찌릅니다. 그 말들은 송곳처럼 날카롭게 제 심장을 관통해 기절할 것만 같았습니다. 딸이라고 하면서 어떻게 그런 말을 할 수 있는지 세상 참 모질다고 느껴졌습니다. 한 식구로 산 세월이 몇 년인데 엄마는 저렇게 생각하고 있구나! 속상했습니다.

두 돌 지나 엄마를 만났습니다. 가난한 엄마는 시장에서 떨어진 배춧잎을 얻어와 겉절이 무치고, 정육점 아주머니 비위를 맞춰가며 돼지비계 받아와 국을 끓였습니다. 동네 이웃에게 옷이며 신발이며 속옷까지 저에게 물려 입혔습니다. 초등학교 때 알록달록 예쁜 필통 한번 갖지 못했고, 돈 없어 친구들이 간식 먹을 땐 옆에서 침 흘리며 구경만 해야 했습니다. 친구 따라갔던 피아노학원과 태권도 학원에 한 달만 보내 달라

싹싹 빌었지만, 소원은 끝내 이루어지지 않았습니다. 가족들과 성씨가 다르고 엄마의 나이가 많다는 이유로 놀림거리가 되었습니다. 그렇게 시작된 '할머니랑 사는 애'와 '고아'라는 딱지는 초등학교 입학 때부터 아이들이 철들 때까지 꼬리표가 되었습니다. 엄마가 가정부로 할아버지와 함께 살았던 스무 해 동안은 매일 무시당한 채 죽고 싶다는 생각만 들었습니다. 고백하건대, 차마 입 밖으론 꺼내지 못한 수많은 생각들로 그렇게밖에 살지 못하는 저를 수백 번, 수천 번 찔러 죽였습니다. 할아버지 말끝에는 '네까짓 년' '넌 아무것도 아니다.' 외 수많은 욕설이 주렁주렁 달려있었습니다. 그때 저는 산 것도 죽은 것도 아니었습니다. 이렇게 가난하고 불우하게 키울 바엔 보육원에라도 보내 달라며, 개처럼 밥 주고 잠만 재워주면 자식 키우는 거냐며 미워하고 원망했습니다. 아무것도 할 수 없는 나약한 자신과 불공평한 세상을 비관하며 우울감에 빠졌습니다. 스트레스로 안면 마비가 왔고, 감정적으로 주체할 수 없는 울분에 매일 밤 눈물 쏟아야 했습니다.

시간이 흘러 결혼하고 아이를 키우다 보니 그제야 철없던 제가 보였습니다. 제 또래 여성이 두 살 된 아이를 자식으로 맞이한다는 것은, 실로 엄청난 결심입니다. 혼자서도 버티기 힘든 가난에 입 하나 더 보태는 일은, 아무나 할 수 있는 일이 아닙니다. 그런 가난 속에서 엄마가 최선을 다했다는 것은 저 역시 부정할 수는 없는 사실입니다. 식모살이에 시간제 파출부도 하고 지우개와 귀걸이 포장, 붕어빵 봉투 붙이기 등등 부업으로 번 돈은 모두 저를 위해 쓰였던 것이 맞습니다.

'나이 들면 아이가 된다.' 했습니다. 예전 같으면 하지 않았을 서운한 말들을 이제는 거침없이 쏟아냅니다. 당신을 인정하지 않는 저의 태도가 마음에 들지 않아서입니다. 하지만 저도 사람이기에 속상한 것은 어쩔 수 없나 봅니다.

〈인간극장〉에서 백 세 할머니가 일흔 아들을 걱정하는 장면을 보았습니다. '나이가 몇 살이든 자식은 자식이고 여전히 걱정되는 존재'라는 할머니의 말이 기억납니다. 엄마도 그렇겠지요. 아흔이 넘어서도 제 걱정뿐입니다. 돈 없고 가난해서 모질었던 세월의 경험을 저만은 겪지 말라는 엄마의 바람이겠지요. 당신 없이도 잘 살 수 있을까 염려하는 마음을 어렴풋하게나마 헤아려봅니다. 이런 생각 하다 보니 엄마의 잔소리가 싫지만은 않습니다.

차 조심해라, 길 조심해라, 일찍 들어오라, 밥 챙겨 먹어라, 건강 신경 써라, 돈 아껴 써라….

'나는 네 나이가 몇이든, 아직도 걱정되고 사랑해!'

투박하고 멋없는 엄마 말투가 외국어라고 생각하고 마음속 번역기 돌려봅니다.

씻는 건 싫어

엄마 방문을 열면 노인 특유의 냄새가 가득합니다. 젊을 때는 신진대사가 잘되어 땀과 피지가 금방 날아가지만, 나이 들수록 활동 능력이 떨어지면서 노폐물 배출이 어려워집니다. 피부에 노폐물이 남아 체취가 진해지고 공기를 만나 산화되면서 냄새가 점점 더 진해지지요. 엄마는 아흔셋, 노인이 맞습니다. 고로 할머니 냄새가 나는 것은 당연한 일입니다.

"엄마 좀 씻어. 머리 감고 목욕도 하자."

하루 세 시간씩 요양보호사가 집으로 방문합니다. 보호센터에서 정해진 목욕 일정은 일주일에 한 번이었습니다. 하지만 무슨 일인지 간격은 계속 벌어졌습니다. 2주에서 3주, 그리고 한 달. 엄마 방에는 고약한 냄새가 뱄고, 엄마의 움직임에 따라 강한 체취가 퍼졌습니다. 요양보호사에게 목욕 이야기를 했더니 '할머니가 싫어해서 못 씻는다.'라는 이유를 들었습니다. 엄마에게 씻기 싫은 사유를 물었습니다.

"나는 잘 움직이지도 않고 땀도 안 나는데 뭐 한다고 물 아깝게 자주 목욕하냐!"

혼자 씻는 일은 힘드니 요양보호사가 도와드린다 해도 싫다고 합니다. 개인차가 있겠지만 맨몸을 타인에게 보이는 것은, 꺼려지는 일입니다. 저는 가족이니 괜찮겠지 싶어서 씻자면, 깨끗하고 냄새도 나지 않은데 왜 씻냐며 거부합니다.

"엄마가 못 느끼는 거지. 냄새 많이 나. 세균은 눈에 보이지 않잖아? 평소에 깨끗이 하고 있어야 엄마도 아프지 않지!"

노인은 면역력이 약해서 감염성 질환에 취약합니다. 세균성 바이러스에 감염이 되어 감기나 독감에 걸리게 된다면 큰일입니다. 약해져 있는 몸에 무리가 가면 상태가 크게 나빠져 폐렴으로 진행될 수도 있습니다. 노인에게 호흡기 질환은 치명적입니다. 건강한 성인과는 달라서 치료가 쉽지 않고 기존에 앓고 있는 병이 나빠져 합병증까지 올 수 있습니다. 노인의 건강은 아프기 전에 미리 예방하는 것이 최고입니다. 평소에 충분한 영양과 수분을 섭취하고 규칙적인 운동과 청결한 생활을 해서 면역력을 높이 유지하는 것이 가장 중요합니다.

옛 어른들 말씀에 '밤새 안녕'이라는 말이 있습니다. 하룻밤 사이에도 어떤 일이 일어날지 모른다는 말이지요. 주변에 엄마보다 나이가 훨씬 적은 어르신도 갑자기 돌아가신 분들 많습니다. 친구의 아버지는 칠순이 얼마 지나지 않아 인사할 겨를도 없이 갑자기 돌아가셨습니다. 친한 언니의 어머니는 암이 발견되어 손쓸 수도 없이 두 달 만에 돌아가셨고, 아버지 또한 뚜렷한 병명 없이 세상을 떠나셨습니다. 저녁 식사 후 드라마까지 보고 잠자리에 들었다가 돌아가신 외숙모의 친정어머니는 엄마와 나이가 동갑이었습니다. 외숙모는 친정엄마가 생각이 날 때면, 엄마에게 전화하고 안부를 묻곤 합니다.

저 역시 엄마가 아프다면 덜컥 겁부터 납니다. 어디가 아프냐 물으면 어디가 아픈지도 모른다고 합니다. 답답할 지경입니다. 그래서 노인의 몸 상태는 일반인과는 다르게 좀 더 예민하게 살펴야 합니다.

저는 세 살부터 서른 살까지 재래식 화장실이 있는 집에 살았습니다. 화장실은 그야말로 옛날 화변기가 있었고 볼일 보는 용도로만 사용되었습니다. 샤워실은커녕 보일러도 없어 따뜻한 물을 쓰려면 양동이에 물을 데워서 써야 했지요. 부엌은 주방 겸 거실 겸 샤워실로 사용했어야 했지요. 씻는 일이 번거롭고 불편하다 보니 조금은 게으른 생활을 했었습니다. 그때는 엄마가 지금과 반대로 잘 씻지 않는 저를 두고 잔소리했었습니다. 따뜻한 물 끓여야 한다며 고개를 숙여 구들장 밑의 부지깽이를 넣어 연탄 통을 밀었다 끌었다 했던 기억이 납니다.

중학교 때, 아침에 일어나는데 세상이 뱅글뱅글 돌아 어지러워 일어날 수가 없었습니다. 깊이 잠든 엄마를 흔들어서 겨우 깨웠고, 엄마는 연탄가스를 마신 것 같다고 했습니다. 동치미 국물을 한 사발 가득 들이켜고 정신을 차린 기억이 있습니다. 엄마는 예전에 이미 연탄가스중독으로 죽을뻔하다가 살아난 경험이 있었고, 저는 처음 겪는 일이라 너무 놀랐었지요. 사람이 이렇게 한순간 사라질 수 있다고 생각하니 두려웠습니다.

그때 비하면 지금은 천국입니다. 오래된 집에 살기는 하지만, 신식 화장실에는 수세식 좌변기와 욕조가 붙어있습니다. 언제 틀어도 뜨거운 물이 콸콸 나옵니다. 욕조에 따뜻한 물을 받아 몸을 푹 담그면 그야말로 천국이 따로 없다는 생각마저 듭니다.

엄마에게 예전 집 이야기를 꺼냅니다. 우리가 이렇게 수세식 화장실을 쓴 생활이 불과 20년도 채 되지 않는다고요. 세상이 살기 좋게 변하기도 했고, 다행히 예전보다 살림이 나아져서 이렇게라도 살고 있어 감사하다고요. 어릴 때는 엄마가 저에게 씻지 않는다고 잔소리했는데 지금은 왜 반대가 되었냐고 묻습니다. 엄마 건강을 위해서라도 자주 씻는 게 좋겠다고 강조해서 말합니다. 엄마는 예전 기억 속에서 이야깃거리를 찾습니다.

"옛날에는 가난해서 너무 힘들었지. 살기가 얼마나 팍팍했관데. 이렇게 좋은 시대 오래 살아야 하는데…"

아이를 달래듯 엄마를 달래며 설득합니다. 정확히 어떤 부분에서 예전 이야기에 순순히 씻는다고 하는지 모르겠습니다. 저와 이야기하는 시간이 즐거운 건지, 예전 일들을 추억하는 게 좋은 건지는 알 수 없습니다. 아마도 엄마는 지금보다 예전의 기억이 더 선명하게 떠오르는 듯합니다.

씻지 않아도 건강할 수 있다면 엄마 하고 싶은 대로 두고 싶습니다. 엄마의 말대로 너무 자주 씻으면 몸에 수분과 영양이 날아가 건조하고, 머리도 자주 감으면 머리카락이 빠져 못쓴다는 말을 믿고 싶습니다. 하지만 지금은 전염병과 독감이 유행 중입니다. 건강은 치료보다 예방이 우선입니다.

당신의 건강보다 자식을 걱정하는 엄마를 배려해 바꾸어 말해봅니다.

"엄마가 건강하게 오래오래 살아야 내가 더 잘살지. 그러니까 아프기 전에 미리미리 관리하자!"

아이 다루듯, 구렁이 담장 넘어가듯, 엄마의 옷을 벗깁니다.

버리지 마

　엄마의 옷장에는 미처 버리지 못한 옷들이 가득합니다. 처녀 적부터 입었던 원피스와 한복, 그리고 외투까지 모두 차곡차곡 쌓여있습니다. 엄마가 원피스와 함께한 시간은 저와 엄마가 같이 산 시간보다 훨씬 더 오래되었습니다. 입지도 않을 옷을 왜 버리지 못하냐고 물으니 다시 입게 될지 몰라서 못 버리겠다고 합니다. 몇 번 입어보지 못한 옷이 아깝다고 합니다. 아흔셋이 된 엄마의 한탄이 느껴져 웃지도 울지도 못하는 상황에 차마 뭐라고 말해야 할지 몰라서 그냥 입을 다뭅니다.

　엄마는 헌 옷을 좋아합니다. 제가 버리려고 모아둔 옷이나 손녀딸에게 작아진 러닝셔츠도 모두 엄마의 차지가 되었습니다. 목이 늘어날 대로 늘어난 러닝을 즐겨 입고, 빨래하면서 물들어버린 옷들을 내복으로 입었습니다. 엄마의 오래된 분홍 겨울 내복은 보풀이 일어나고 늘어지고 헤졌습니다. 그런 엄마의 모습이 보기 싫어서 내복과 속옷 세트를 여러 벌 새로 장만해 드렸습니다.

"아이고! 새것도 많은데 뭐 하러 또 사와? 죽을 때까지 입어도 다 못 입고 죽겠다! 가서 돈으로 바꿔 와!"

엄마는 장롱 한편에서 새 내복과 러닝셔츠 상자를 꺼내 보여주었습니다. 새것이 있음에도 아까워서 꺼내 입지 못하는 엄마가 답답하기만 합니다.

"엄마가 안 입으면 그거 다 새것인 채로 버려야 하는 거 알지?"

입맛이 없어 식사를 잘하지 못하는 엄마를 위해 간식을 준비해 놓습니다. 주로 쌀과자류와 곡물 과자, 그리고 홍삼 사탕과 식사 대용 음료입니다. 부쩍 식사를 하지 못해 주전부리라도 먹으면 힘이 날까, 생각해서 열심히 사다 날랐지요. 엄마의 서랍 안, 작은 창고에는 사탕과 과자 그리고 음료가 가득 차 있습니다. 보기만 해도 든든합니다. 챙겨주기는 하나 먹는 모습은 거의 본 적이 없습니다. 입 짧은 엄마를 위해 일부러 서랍에서 간식을 꺼내 같이 먹자고 합니다. 그나마도 내키지 않는다고 해서 맛만 보자며 나누어 먹을 때가 많았습니다. 그러던 어느 날, 막내 삼촌이 집에 왔습니다, 엄마는 쌀이며, 반찬이며, 엄마의 창고까지 탈탈 털어 모두 삼촌에게 내주었습니다. 정작 자신을 위해서는 먹지 않고 동생에게 양보하는 엄마의 마음은 어떤 걸까요? 엄마를 생각하는 딸 된 저의 마음은 전혀 생각하지 않는 것 같아 야속하기만 합니다.

"엄마 자꾸 이러면 아무것도 안 사줄 거야!"

엄마는 힘이 없어 그런지, 감각이 둔해진 탓인지 손에서 물건을 자주 떨어트립니다. 제가 새로 장만한 아끼는 그릇을 두 개나 깨뜨렸습니다.

당연히 그럴 수 있는 일이라 생각해서 별말을 하지 않았습니다. 저 또한 설거지하다가 손이 미끄러져서 식기를 여러 번 깨 먹었기 때문입니다. 밥그릇과 국그릇이 짝짝입니다. 보기 좋지 않아서 짝이 맞는 새 그릇을 두 벌 샀습니다. 그러고는 식사 때 엄마에게 새로 산 그릇에 대해 예쁘지 않냐고 물었습니다.

"그릇이 얼마나 많은데 또 사? 제정신이야? 돈 벌어서 왜 엉뚱한데 다 쓰고 그래?"

그릇으로 시작된 잔소리는 왜 돈을 아끼지 않는지, 언제까지 돈을 벌 상황이 될 것인지, 맞벌이하는데 왜 돈이 모이지 않는지에 대해 한참 동안 잔소리가 끊이지 않았습니다. 듣다못해 성질이 난 제가 엄마에게 짜증을 부리고 나서야 집이 조용해졌습니다.

지금까지 엄마가 어떤 삶을 살았는지는 저도 잘 압니다. 집안 형편이 어려워서 배불리 먹지 못했고, 공부도 하지 못했습니다. 어린 나이에 일제강점기의 식민지를 겪으며 언제 잡혀갈지 모르는 무서움에 떨고 살아야만 했습니다. 열일곱의 나이에 시집을 갔지만, 그마저도 6.25 한국전쟁이 나는 바람에 남편을 잃었고, 남의 집 허드렛일 해주고 살았습니다. 엄마는 평생 풍요롭게 지낸 적이 없습니다. 식탁에 앉아 쌀밥을 보며 배고팠던 보릿고개 시절을 떠올립니다. 쌀이 없어 보리밥을 먹었는데 그마저도 배부르게 먹지 못해 매일 속이 쓰리던 그때를 잊지 못한다고 합니다. 지금도 귀신보다 가난이 더 무섭다고 말하는 엄마가 가엾습니다.

엄마의 배고픈 시절이 얼마나 무섭고 고통스러웠는지 저는 잘 모릅니다. 그래서 당신 딸은 그것을 겪지 않았으면 하는 바람에서 과하게 말하는 거겠지요. 가끔은 너무 심할 정도로 가족들에게 상처가 되는 말도 서슴지 않지만 그만큼 엄마에게는 배고픔이 공포나 트라우마로 남아있지 않나 생각해 봅니다. 엄마에게 밥은 그냥 밥이 아닌 '죽고 사는 일'에 가까울 거라 짐작만 할 뿐입니다.

유튜브에서 '가난을 이겨내려면 몇 세대는 무조건 희생해야 한다.'라는 말을 들었습니다. 한 세대가 죽을 만큼 고생해야 자식들이 그나마 평범한 삶을 이어나갈 수 있다고 합니다. 자식에게는 자신이 겪은 가난한 서러움을 물려주지 않겠다는 굳은 각오와 결심을 한다고요. 무엇이든 열심히만 하면 벗어날 수 있는 가난도 아닙니다. 그야말로 배고프고 돈 없어 서러운 삶, 자신은 배를 곯아도 아이까지는 굶게 할 수 없다는 처절한 결심이겠지요. 어쩌면 엄마와 제가 그러한 삶을 지나온 경험이 있기에 '이렇게라도 사는 건 아닐까?' 생각 듭니다. 살아온 날을 뒤돌아보면 참 춥고 배고프고 서러웠습니다.

한 평 남짓한 옥탑방에 살았습니다. 겨울에 숨을 쉬면 입김이 나올 정도로 웃풍이 셌습니다. 분명 방안인데 바깥처럼 바람이 불고 손이 시렸습니다. 하루에 사용할 수 있는 연탄은 두 장. 그나마 아껴 쓰려고 불구멍을 작게 열어두고 이불을 돌돌 말아 몸을 꽁꽁 싸매도 춥기는 매한가지였습니다. 수도꼭지는 꽝꽝 얼어 물이 나오지 않았습니다. 2층 아주머니네 집에서 물을 얻어다 썼습니다. 여름엔 낮에 한껏 달궈진 방안이 너무 뜨거워 들어갈 엄두조차 나지 않았습니다. 방문을 활짝 열어두면 바퀴벌레가 날아 들어와 소스라치게 놀라던 때가 한두 번이 아니었고요. 썩은 음식쓰레기 냄새가 바람을 타고 창문으로 들어와 창문마저 열어놓기가 쉽지 않았습니다. 그런데도 제일 견디기 힘들었던 것은, 그렇게 힘들게 살아가는데도 도무지 형편이 나아질 기미가 보이지 않는다는 것, 희망이 없다는 생각이 가장 힘들었습니다. '가난은 고통'이라는 말을 체감으로 느낄 수밖에 없었습니다.

　세상에 가난하고 싶은 사람이 어디 있을까요? 금수저니, 흙수저니. 제가 선택할 수 있는 일은 아니었습니다. 현실을 비관하면서 살 수밖에 없던 과거의 시간이 어쩌면 당연했을지도 모릅니다.

　엄마는 제가 가난한 삶을 살지 않기를 바랐습니다. 그래서 저에게 최선을 다해 뒷바라지했습니다. 지금도 부유한 건 아니지만 그에 비하면, 꽤 성장한 삶을 살고 있습니다. 끝나지 않을 듯했던 지긋지긋한 가난. 엄마가 안 먹고, 안 입고, 허리를 졸라매 아껴서 저를 가르치고 키웠기 때문에 지금의 제가 있습니다. 엄마 덕분입니다. 엄마의 희생으로 살아왔으면서도 그것이 당연하다고만 생각한 것이 아닌가, 못난 저를 돌아봅니다. 어쩌면 엄마의 잔소리는 당연한 건지도 모르겠습니다. 모질게 살아온 당신의 방식이 저로 인해 증명된 일이라 생각할 겁니다.

　앞으로도 엄마의 잔소리, 짜증이 날 겁니다. 그래도 엄마의 마음은 좀 더 헤아려보자고 마음 다잡아 봅니다.

너도 내 나이 돼봐라

탁! 탁! 탁!

깜짝 놀라 쳐다보니 엄마가 숟가락으로 식탁을 두드리는 소리였습니다.

"이 차디찬 생선을 먹으라고 갖다 놨냐? 사람이 그렇게 멍청해서 쓰겠냐? 데워줘야 먹을 거 아니냐?"

월요일 아침.

매일 그렇듯이 출근 전, 엄마와 식사하려 식탁에 앉았습니다. 늦잠을 잔 터라 회사에 늦을까 봐 걱정되어 정신이 없었습니다. 좋은 말로 해도 되는데, 엄마는 왜 상대방 기분은 고려하지 않고 당신만 생각하는지 속상했습니다. 저도 모르게 짜증이 솟구쳤습니다.

"내가 엄마 종이야? 종이라도 그렇게는 안 하겠다! 왜 그렇게 못되게 말해?"

엄마는 제가 회사에 출근하는 것을 못마땅하게 생각합니다. 집에 혼자 있는 시간이 길어지고, 몸 상태가 좋지 않으니 불안한 마음 점점 커지나 봅니다. 엄마는 종일 텔레비전 보는 것이 재미없고, 자꾸 울적한 기분만 든다고 말했습니다. 직장을 그만두고 집에만 있고 싶지만, 그러기에는 형편이 좋지 않습니다. 네 식구가 먹고살기에 남편의 벌이만으로는 부족합니다. 또한, 고집 센 엄마와 지내는 시간이 늘어나면 부딪히고 싸우는 일이 잦아질 테니 심적으로도 부담스러운 건 사실입니다.

"냉장고에서 먹던 반찬 꺼내만 주고 밥만 퍼다 찌그려 주면서. 네가 언제 나 밥 한번 먹게 해줬냐?"

평소 제가 제일 힘든 건 엄마의 말투입니다. 엄마 말 한마디에 기분 좋은 감정도 금방 곤두박질쳐버립니다. 저는 열심히 한다고 하는 데 엄마는 하나도 마음에 들지 않으니, 속만 상합니다. 해도 욕먹고 안 해도 욕먹을 바엔, 차라리 안 하고 욕먹는 게 낫다는 게 저의 선택입니다. 뭘 해도 칭찬은커녕 면박만 당하니 안 하느니 못합니다.

시집살이해 본 사람이 시집살이시킨다더니, 엄마가 그렇습니다. 같은 말을 해도 얼마나 기분 상하게 말하는지 모릅니다. 못되게 말하는 대회가 있다면 대상감입니다. 말 좀 예쁘게 해달라고 하면, 태생이 그렇게 생겨 먹어서 어쩔 수 없다고 합니다. 93년, 평생 그렇게 살아왔는데 지금에 와서 제 말 한마디에 고쳐질 말투가 아니겠지요.

"지금 시간이 몇 시인데 왜 아직 안 들어와?"
"엄마. 나 지금 자고 있어. 지금 새벽 7시야."
자다가 엄마의 전화를 받았습니다. 눈으로 확인하지 않으면 믿지 못하는 엄마이기에 엄마 방으로 쫓아갔습니다. 지금은 새벽이고 어제 회사에서 저녁밥 먹고 바로 들어왔다고 설명했지요. 엄마는 저녁인 줄 알고 한 숟가락 뜨셨다 합니다. 군말 없이 아침 약을 챙겨드렸습니다. 최근 부쩍 이런 일들이 잦아졌습니다. 어제 아침엔 리모컨이 없어졌다며 난리가 났지요. 바로 옆에 놨었는데 발 달린 게 아니면 어딜 갔냐고요. 제가 가져간 게 아니냐며 짜증 부리며 한참을 찾았습니다. 아무리 찾아도 나오지 않으니, 귀신이 곡할 노릇이라며 답답해했습니다. 저는 누명? 을 벗기 위해서라도 엄마의 방을 구석구석 살펴보았고 결국 엄마의 이동식 변기 안에 빠져 있던 리모컨을 찾아냈습니다.

이런 일들은 이전부터도 가끔 있었던 일이었지만, 횟수가 늘고 간격이 짧아지면서 무척 힘듭니다. 성격이 불같이 급해서 못마땅한 일이 생기면 모두 저의 탓으로 돌아오니, 환장할 노릇입니다. 어쩔 땐 화가 치밀다 못해 숨 막히는 느낌마저 듭니다. 마음의 여유가 없는 날엔 저도 엄마와 함께 고함을 지르며 싸우기도 합니다. 그러고는 이내 위장이 뒤틀리고 맙니다.

엄마는 금방 손에 물건을 쥐고 있다가도, 어디에 두었는지 몰라서 찾는 게 일과입니다. 엄마와 제가 싸우는 절반가량의 이유도 그것 때문입니다. 기억 못 하는 자신에게 화가 나고, 치매에 걸릴지 모른다는 불안한 마음이 엄마를 더 조급하게 만드는 모양입니다.

"엄마! 나도 맨날 물건 어디에 놨는지 잊어버리고 그래. 핸드폰도 놓고 다니고, 가방도 어디에 뒀는지 잊어버려서 찾는 게 일이잖아. 근데 엄마는 나이가 아흔이 넘었는데 당연한 일이지!"

얼마 전, 집 앞에 나갔다가 공동 현관문 비밀번호가 생각나지 않아 사람이 나타날 때까지 한참을 서 있었다는 이야기에 엄마를 위로했습니다.

노인들에게는 치매가 호환 마마보다 더 무서운 병이라 합니다. 텔레비전에서 자식도 알아보지 못하는 치매 걸린 노인이 나오면 엄마는 한숨을 푹푹 쉽니다. 일어나는 일 아무것도 모른 채 정신을 놓고 죽어간다는 것이 암보다, 다른 죽을병에 걸린 것보다 더 무섭다고 했습니다.

"치매에 걸릴 바에는 그냥 죽어버리는 게 낫지, 저렇게 살아서 뭐 하냐."

치매에 걸려 자식들에게 피해를 줄까 봐 무섭다는 보험사의 광고가, 과장이 아님을 엄마를 통해 알게 되었습니다. 엄마가 현재 겪고 있는 일들은 엄마 혼자 감당해야 하기엔 너무도 큰 걱정이라는 걸 깊이 생각하지 못했습니다.

입맛 떨어져 밥알이 모래알 같다는 것도, 목구멍이 좁아져 음식이 잘 걸리는 일도, 기억이 흐려져 옛일이나 사람을 기억 못 하는 것도, 잘 다니던 길을 한순간 잃어버리는 일 등도 성질 급한 엄마에게는 모두 답답한 일입니다. 얼마나 당신을 자책하고 원망할지를 생각하지 못했습니다. 엄마의 그 아찔한 경험들이 얼마나 큰 상처와 공포를 주었는지 저는 가늠조차 되지 않습니다. 과연 그런 일들을 엄마 혼자서만 감내해야만 하는 일일까요? 생각할수록 마음 미어집니다.

"먹기 싫어도 억지로라도 먹어야 살지, 안 먹으면 큰일 나! 그리고 밖에 혼자 나갔다가 쓰러지기라도 하면 어떻게 해? 절대 혼자 나가지 말고 요양보호사나 2층 할머니랑만 나가. 밥 먹기 싫으면 과일이나 간식이라도 좀 챙겨 먹고~"

이어지는 잔소리에 엄마가 한마디 했습니다.

"너는 나이 들면 안 그럴 것 같냐? 너도 내 나이 돼봐라. 내가 그러고 싶어서 그러는지."

생판 모르는 아이를 자식으로 품어주었던 엄마입니다. 이제는 제가 엄마를 안아야 하는 순서가 왔나 봅니다. 다정하게 말하지 않았다고 해서 저를 사랑하지 않는다고 생각하지 않습니다. 투박한 말 한마디, 섭섭할 수 있지만 말보다 그 이면을 보는 깊은 사람이 되고 싶습니다. 하늘에서 진짜 사랑이 무엇인지 구분할 수 있는 능력을 주려고 엄마를 보내준 건 아닐까, 다르게 생각해 봅니다.

밥 안 먹어!

"입맛 없다."

차려놓은 반찬 한 젓가락, 국이라도 한 숟가락 떠보지도 않은 채 말하는 엄마가 야속합니다. 며칠간 입맛이 없다며 밥을 제대로 먹지 못해 체중이 3kg 넘게 빠졌습니다. 아무리 입맛이 없어도 몇 숟가락 뜨면 좋으련만 먹기 싫다며 식탁을 박차고 일어납니다. 그럴 때마다 속상하고 짜증 납니다.

"먹기 싫어도 억지로라도 먹어야지! 계속 밥 안 먹고 죽을 거야?"

달래기도 하고, 화내기도 했습니다. 반찬이 입에 맞지 않아서 그런가 싶어 반찬을 사 오기도 하고, 음식점에서 포장하기도 했습니다만, 밥맛 없는 엄마의 입맛을 돌리는 일은 쉽지 않았습니다. 이래도 안되고 저래도 안되니 속은 속대로 상하고 저도 모르게 짜증을 내고 말았지요.

당기지 않는 음식을 억지로 먹을 수 없다며 숟가락도 들지 않습니다. 밥을 먹지 못하니 기운이 없어서 제대로 걷지도 못합니다. 불안한 엄마를 데리고 내과에 가서 수액을 맞혔습니다. 의사에게 식욕증진제 처방해달라고 했더니 안 된다고 합니다. 먹지 못하는 엄마를 요양병원에 입원이라도 시키고 싶었지만, 요양병원을 감옥이라고 생각하는 엄마는 절대로 가지 않겠다고 합니다. 어쩔 도리가 없어 식사 대용 단백질 음료 두 상자를 집으로 배달시켰습니다. 과즙이 많은 과일도 사다 놓고요. 혹시 단것이 당길까 봐 과자도 사 놓았습니다. 뭐라도 먹고 빨리 기운 차렸으면 하는 마음에 차곡차곡 먹거리를 쟁여놓습니다.

엄마는 치아가 하나도 없습니다. 틀니를 하면 입천장이 다 가려져서, 음식의 맛이 잘 느껴지지 않는다고 합니다. 요즘 틀니가 자주 빠져서 치과에 갔더니 잇몸이 주저앉아 헐거워져서 그렇답니다. 다시 새로 하기에는 잇몸이 심히 없어서 새로운 틀니를 만들 수도 없다고 했습니다. 입맛도 없는데 틀니까지 자꾸 빠져버리니 짜증 날 만도 합니다. 밥알이 모래알처럼 까슬하고 목구멍에 걸려 넘어가지 않는다고 합니다. 엄마의 불편을 해소해 주고 싶지만, 아무것도 할 수 없어서 속상합니다. 뭘 어떻게 해야 할지 막막하기만 합니다.

"밤새 안녕하셨습니까?"

예전 어르신들끼리의 인사말입니다. '밤새 무탈해서 오늘도 건강하게 살아계시네요'라는 의미가 담긴 인사입니다. 그만큼 노인의 건강은 장담할 수 없다는 뜻이기도 합니다. 외숙모의 친정엄마는 식구들과 저녁을 먹고 텔레비전을 보며 한참 대화하다가 잠자리에 들고는 다시는 일어나지 못했습니다. 이별의 인사도 나누지 못한 채 허무하게 일생을 마감할 수도 있다고 생각하니 아찔했습니다. 아침에 엄마를 깨울 때, 가슴팍이 들썩이는지 숨소리가 나는지 조심스럽게 확인합니다. 조금이라도 엄마의 불편을 나아지게 하려면 어떤 노력이라도 해야만 합니다.

노인이 밥을 안 먹는 이유는 여러 가지가 있습니다.
첫째, 소화 기능의 저하입니다. 위의 탄력이 떨어지면서 음식물이 쉽게 내려가지 않아 소화가 잘되지 않고 더부룩한 느낌이 듭니다. 소화 기능이 약해지면서 자연스럽게 식욕이 감퇴 되어 먹는 것에 대한 의욕이 없어집니다.
둘째, 후각, 미각의 기능 저하입니다. 냄새를 잘 맡지 못하면 음식에의 향을 제대로 느낄 수 없어 입맛이 떨어집니다. 특히 짠맛, 단맛에 대한 감각이 떨어져 식욕이 줄어듭니다.
셋째, 고독감이나 무기력감을 느끼는 경우, 우울증으로 밥을 멀리하기도 합니다.
넷째, 치아 건강이 약해져 씹기가 힘들어져 식사가 어렵습니다.
이외에도 노인이 식사를 거부하는 이유는 다양하겠지만, 당사자와 가족 간의 대화를 통해 원인을 파악하고 적절한 조치를 해야 합니다.

식욕 부진은 건강 유지에 큰 걸림돌입니다. 체중이 갑자기 빠지면 체력과 건강에 악영향을 줄 수밖에 없습니다. 저는 한 끼만 굶어도 기운이 없고 쓰러질 것 같은데, 엄마는 얼마나 힘들까요? 밥이 보약이라 합니다. 식사 못해 체력이 떨어져서 건강이 나빠지는 것은 그야말로 시간문제입니다. 특히, 엄마처럼 만성질환이 있는 경우 심각한 합병증을 일으

킬 수도 있습니다. 이는 사망할 수도 있는 매우 위험한 상황입니다. 최근 엄마의 몸무게 감소와 입맛 없다는 말을 자주 하는 상황을 볼 때, 약간의 우울감이 있는 것 같았습니다. 정신과에 함께 가서 도움 될 만한 약을 처방받았습니다.

생각 끝에 엄마에게 해줄 수 있는 것에 집중하기로 했습니다. 치아 문제와 시간을 함께 보내는 일은 제가 해결할 수 없는 일입니다. 치아는 치과에서 보수하기로 했고, 시간을 보내는 일은 요양보호사와 2층 할머니가 최대한 함께 있기로 했습니다. 주말에 엄마와 보내는 시간을 더 만들기로 했습니다. 가장 시급한 문제는 단연 식사입니다. 고민 끝에 몇 가지를 해 보기로 했습니다.

【엄마 밥 먹기 프로젝트】

첫째, 엄마가 평소 좋아했던 음식을 준비했습니다. 시래기 된장국, 간장게장과 쌉싸름한 나물류를 만듭니다. 음식의 크기는 씹기가 안되니 잘게 자르고 소화를 위해 푹 익혔습니다.

둘째, 엄마를 기준으로 식사 준비합니다. 엄마의 기상은 조금 이른 시간이라 그에 맞춰 아침 식사를 준비합니다. 편안하게 먹을 수 있게 식사 시간을 길게 잡고, 새소리나 계곡 물소리 같은 자연의 소리도 켜놓습니다. 매일 일정한 시간대에 식사하려고 합니다.

셋째, 식사 때 모든 가족이 모이도록 노력했습니다. 혼자 먹는 밥은 맛이 없습니다. 연구에 따르면 여러 사람이 모일수록 음식의 섭취량이 늘어난다고 합니다. 어쩔 수 없는 경우를 제외하고 집에 있는 모든 가족이 한 식탁에 모여서 밥을 먹기로 했습니다.

넷째, 낮에 가벼운 산책을 통해 햇빛 쐬기를 30분 이상 하도록 요양보호사에게 요청하였습니다. 몸을 움직여 자연스럽게 식욕을 되찾고, 해를 통해 비타민D를 섭취하면 우울한 감정에도 도움이 됩니다.

다섯째, 틀니를 사용하는 엄마의 잇몸 건강을 위해 물을 자주 마시도록 했습니다. 입안이 건조해지면 구강건조증이 생기고 입맛을 더 떨어지게 합니다. 음식을 먹지 않을 때는 되도록 틀니를 빼놓고 지내도록 했습니다.

노인들은 병나고 나서야 고치려면 시간도 오래 걸리고, 건강을 전처럼 완벽히 되돌릴 수 없습니다. 더군다나 엄마는 노인 중에도 아흔셋, 상노인입니다. 엄마가 처음 저를 가족으로 받아들였을 때, 물 말은 밥에 간장만 먹어서 애가 탔다는 말을 종종 들었습니다. 이젠 엄마가 밥을 먹지 못하고 살이 빠지니, 제 속이 타들어 갑니다. 엄마가 제게 그랬듯, 저도 엄마를 위해 무엇이라도 해 볼 참입니다. 엄마가 좋아하는 음식이 무엇인지 어떤 것들에 흥미를 두는지 주변 사람들에게 물어도 보고 연구하려 합니다. 아무것도 할 수 없다고 포기하지 말고 조금이라도 도울 방법! 계속 찾고 있습니다.

② 우리 엄마는요

천사 같은 엄마

엄마와 제가 만난 건 엄마 나이 마흔일곱. 제가 두 돌 지나서였습니다. 조산소에 버려진 아이를 부유한 가정에서 입양했지만, 2년 지나 파양되었습니다. 갈 곳 없는 저를 키워줄 사람을 수소문하던 끝에 엄마와 인연이 닿았습니다. 당시 엄마는 6.25 한국전쟁으로 남편을 여의고 재혼했지만 실패하고, 서울로 올라와 가정부로 일하던 중이었습니다. 저를 데려온 아줌마는 주인집 할아버지를 남편으로 잘못 알고 엄마에게 저를 맡기게 되었습니다.

지금 제 나이 마흔아홉입니다. 그때 엄마는 어떤 마음으로 저를 키워보겠다고 했을까요? 오십을 앞둔 나이. 두 살배기 어린아이를 키운다는 것은, 엄마에게도 큰 부담이었을 겁니다.

저에게는 고등학교 3학년인 딸이 하나 있습니다. 아이를 키우면서 온갖 걱정과 불안을 떠안고 사는 저로서는 엄마가 이해되지 않았습니다. 제가 엄마였다면 엄마와 같은 선택은 절대 하지 않았을 겁니다.

엄마를 만난 세 살 때부터 스물아홉 살까지 저는 고약한 잠버릇이 있었습니다. 엄마의 치맛자락이나 옷을 잡거나, 엄마 신체의 일부가 저와 닿아야만 편안하게 잠들 수 있었습니다. 그 때문에 엄마는 제가 깊은 잠에 빠질 때까지 옴짝달싹하지 못했지요. 자다가 엄마가 움직이거나 사라지면 잠에서 깨어 엄마를 찾아다녔습니다. 태어나자마자 부모와 떨어졌고, 알게 모르게 불안감이 높은 상태였을 겁니다. 또다시 버림받지 않을까 예민한 상태로 지내니 불안함에 생긴 버릇이 아닐까, 추측해 봅니다. 성인이 되었음에도 엄마와 꼭 붙어 자야만 했고, 엄마가 외출해서 자고 와야 했을 때는 밤을 새우거나 병이 나서 아프기 일쑤였습니다. 그런 이유로 엄마는 특별한 이유가 없는 한, 집을 절대로 비우지 않았습니다.

엄마를 처음 만났을 때, 저는 물에 말은 밥과 간장만 찍어 먹었다고 합니다. 지금과는 다르게 먹는 걸 좋아하지 않고 입이 짧았다고 했습니다. 밥 먹지 않는 아이가 걱정스러워 엄마는 곰국이며 당시 유명한 영양제인 '원기소'도 꾸준히 먹였지요. 유난히도 키가 작아서 초등학교 때 내내 1번을 도맡았습니다. 그래서 엄마는 저에게 '난쟁이 똥자루'라는 별명을 붙여주었습니다. 다행히도 초등학교 6학년 이후, 두 번째 줄에 앉게 되었는데, 그것은 모두 엄마 덕분이라 생각합니다. 없는 살림에 비싼 영양제와 초등학교 내내 꾸준히 먹었던 우유의 결과라고 생각합니다.

어쩐 일인지 엄마는 가정부를 하면서도 생활비와 급료를 제대로 받지 못했습니다. 저를 키우기 위해서 어쩔 수 없이 시간을 쪼개어 시간제 청소하러 다녔고 부업도 했습니다. 귀걸이 포장, 지우개 포장, 붕어빵 봉투 붙이기, 인형 눈붙이기, 옷 포장하기 등등 닥치는 대로 여러 가지 일을 했지요. 철없는 저는 엄마의 부업을 좋아했습니다. 엄마와 시간도 함께 보내고 특히나 부서져 못쓰게 된 지우개를 가질 수 있어서 너무 좋았습니다. 상품으로 쓰지 못하는 지우개를 학교에 가져가 나누어 주고 친구들의 환심을 샀기 때문입니다.

엄마의 가정부 일은 폭언과 폭행의 일상이었습니다. 급료는 둘째치고 반찬값이며 살림에 들어가는 모든 돈을 하루 푼돈으로 받아 생활했습니다. 저는 할아버지를 '아빠'라고 부르며 자랐지만, 아빠의 정은 그 어디에서도 찾을 수가 없었습니다. 제가 먹는 밥과 반찬, 옷과 신발, 자는 장소까지 엄마에게 고스란히 짐이 되었습니다. 저로 인해 엄마가 할아버지에게 받아야만 했던 여러 수모는, 큰 돌덩이처럼 아직도 제 가슴속에 자리하고 있습니다. 별일도 아닌 일에 욕설을 퍼붓거나, 호응하지 않으면 팔을 비틀어버리거나 하는 식의 폭언과 폭행은 아직도 제 한으로 남았습니다. 제가 어리고 철이 없어 할아버지에게 대들고, 그로 인해 엄마가 겪는 고통을 지켜볼 수밖에 없었던 상황. 그냥 죽고 싶었습니다.

"나는 너만 아니면 어디서든 내 밥벌이는 하고 살아. 어디로 도망치고 싶어도 내가 너 때문에 못 가!"

엄마가 지칠 때 했던 말에 상처받았습니다. '나만 없어지면' 엄마는 행복해졌을 겁니다. 저는 엄마밖에 없는데 그렇게 말하는 엄마가 원망스럽기도 하고, 엄마가 떠날까 봐 엄마 옷자락을 더 꼭 붙들어야 했던 저 자신도 미웠습니다.

초등학교 때 일입니다.

친구들이 가진 예쁜 학용품이 너무 부러웠습니다. 저에게 예쁜 필통이나 공책 등 문구류를 사줄 사람은 아무도 없었습니다. 친구 집에 있던 기차 모양 연필깎이가 부러웠습니다. 교회나 학교에서 선물 받은 공책과 연필 이외에 예쁜 학용품은 가질 수 없었지요. 가난한 살림에 비싼 돈을 주고 학용품을 산다는 건 사치였습니다. 공주 그림이 그려진 친구의 푹신푹신한 분홍색 필통을 보고서 갖고 싶다는 마음을 떨칠 수 없었습니다. 엄마가 학교 우유 대금으로 주었던 돈을 예쁜 필통과 연필로 바꾸고 남은 돈으로 과자를 사 먹었습니다. 이후, 엄마는 우유 대금을 미납했다는 학교 선생님의 연락받았고, 저는 거짓말한 대가를 혹독하게 치러야만 했습니다.

하루는 친구 따라 피아노학원에 가게 되었습니다. 멋지게 건반을 치는 친구가 부러워서 학원에 보내 달라고 엄마에게 졸랐습니다. 한 번만이라도 좋으니 제발 가게 해달라고요. 며칠을 울고불고 매달려봐도 우리의 형편은 절대 학원에 갈 수 없었습니다.

옷을 살 형편이 되지 않아 동네 언니들에게 물려받아 입었습니다. 당시에는 다들 그렇게 살았다고 믿고 싶습니다. 조숙하고 덩치만 크던 저는 언니들의 옷을 많이 물려 입었습니다. 하루는 남자애들이 저를 힐끔거리며 키득거렸습니다. 이유는 알 수가 없었습니다. 후에 알게 된 사실은, 옷이 커서 소매 사이로 가슴 속살이 보인다며 여자 친구들이 조심하라고 말해주어서 알게 되었지요. 처음으로 수치심이 어떤 감정인지 알게 되었습니다.

우리 엄마는 할머니 엄마였습니다. 젊은 엄마가 친구들을 섬세하게 챙기는 모습을 보면 부러워서 죽을 지경이었습니다. 차라리 나를 보육원으로 보내지, 왜 이렇게 힘들게 키우는 건지, 가난한 엄마를 원망할 때도 많았습니다. 철없는 생각이지요.

당신 혼자도 힘들었을 텐데 저까지 챙기느라 얼마나 고단했을지 상상조차 할 수 없습니다. 저를 다시 버린다고 해도 누구 하나 손가락질하지 못할 상황이라는 것을, 저는 잘 알고 있었습니다. 그래서 엄마가 없는 혼자만의 시간이 그렇게 힘들었는지 모릅니다. 지나온 시절을 돌아보며 혼자만 힘들다고 생각했습니다. 엄마의 입장을 헤아려보지 못한 채 이기적으로 저만 생각했습니다. 미안하고 또 미안합니다. 어떤 언어로 어떻게 표현해야 그 마음을 담아낼 수 있을까요?

제 인생 49년. 가장 소중한 사람이 있다면 단연코 엄마입니다. 하루에도 몇 번씩 싸우고 지지고 볶지만, 이런 시끌벅적한 삶 속에서 온전한 나로 살아가고 있음에 감사합니다. 외롭지 말라고 하늘에서 보내준 저만의 수호천사는 우리 엄마입니다.

투박한 말투 사이에

"어디로 내빼고 아직도 안 들어와?"

퇴근 후, 한 시간 이내로 집에 도착하지 않으면 어김없이 전화가 울립니다. 가끔 일이 늦게 끝나거나 퇴근 시간에 걸려 늦어질 때가 종종 있습니다. 속사정도 모른 채 전화기 너머로 들리는 엄마의 카랑카랑한 목소리가 저를 짜증 나게 합니다. 버스 안에서는 다른 사람들을 의식하느라 큰소리로 대답하지 못하고 감정을 누르며 통화하려니 속에서 열불이 납니다. 저는 엄마의 급한 성격을 닮았습니다.

엄마는 전라도 사투리를 씁니다. 평소에도 높은 억양으로 빠르게 말해서 일반적인 말을 하는 것임에도 불구하고 다투는 것처럼 들립니다. 급한 마음과 큰 목소리 때문인지 사람들은 엄마와 저의 대화를 늘 싸운다고 생각합니다.

"시간이 몇 시인데 이제 와? 뭐 하느라 이렇게 늦어? 제 어미 밥줄 생각도 안 하고!"

현관문을 열고 신발을 벗는 사이. 가방도 내려놓지 못하고 식탁에 서서 엄마에게 말대꾸부터 시작합니다.

"회사에서 늦게 끝났어! 그리고 지금 차가 얼마나 막히는 줄 알아? 엄마는 집에만 있으니까 모르지!"

"그런 거 먹으면, 건강에 해로 와. 그러니까 맨날 아프지! 나처럼 딱 세끼 밥만 먹어!"

삼시 세끼 꼬박 먹는 밥. 그 중, 한 끼만이라도 빵이나 면으로 때우고 싶습니다. 주전부리를 잘하는 저와 제 딸을 엄마는 못마땅하게 생각합니다. 간식과 음료를 자주 먹는 편이라 배가 자주 아프긴 합니다만, 사람이 밥만 먹고 삽니까? 건강에 좋지 않은 것을 알면서도 먹고 싶으면 먹어야지요. 나름 맛있는 음식을 먹는다고 신나있는데 잔소리하는 엄마를 보면 기분이 상합니다.

직장생활 햇수로 30년 차입니다. 돈은 벌어도 살림하는 법은 잘 모릅니다. 그나마 밥은 밥통에 쌀과 물을 넣으면 제법 간단하게 할 수 있지만, 반찬과 국은 차원이 다릅니다. 먹을 줄만 알지, 하지는 못합니다. 간혹 시금치나물과 북엇국을 끓여본 것이 전부입니다. 엄마는 요리도 자꾸 해야 실력이 늘어난다고 해 보라 합니다. 못하는 실력에 인터넷을 찾아보기도 하고 요리책을 뒤적이면서 나름대로 열심히 만들어 보았습니다.

늘 식욕 없다고 말하는 아흔셋의 엄마가 숟가락을 듭니다. 긴장됩니다. 한 숟갈 뜨더니 제가 만든 음식을 다시는 먹지 않습니다. 화가 납니다.

"엄마! 내가 음식을 만들었으면 맛있다던가 없다던가 그래도 대충 잘 만들었다던가 뭐라고 말을 해줘야지. 먹지도 않을 거면서 뭐 하러 만들라고 해. 그러니까 내가 요리 안 한다고 했잖아!"

　대충 한마디라도 해주면 좋을 텐데, '절대로' 마음에 없는 소리는 하지 못하는 엄마입니다.

　엄마는 전라도 출신의 손맛이 있는 사람입니다. 자식은 자기 엄마 음식이 모두 맛있다고 하지만, 엄마가 만든 김치나 반찬을 맛없다고 했던 사람은 한 번도 만나보지 못했습니다. 김치나 깍두기, 밑반찬을 먹어보고 조금 싸달라거나 엄지를 들었던 사람들이 대부분이었지요. 엄마의 요리를 배워보고는 싶으나 성격상 그 과정에서 제 마음 다칠까 포기했습니다. 가족끼리 무엇을 가르치고 배운다는 것은 너무 힘든 일입니다.

　고3 된 딸아이가 하교 후, 집에 바로 오지 않습니다. 전화해도 뭘 하는지 받지도 않고요. 날이 어두워지는데 갑자기 불안감이 몰려옵니다. 메신저에 여러 개의 걱정한다는 말들을 쏟아 놓았습니다. 현관문 여는 소리가 들리면 저는 득달같이 쫓아 나갑니다.

　"야, 너는 왜 전화를 안 받아! 늦으면 늦는다고 말을 해줘야 걱정을 안 할 거 아냐!"

　딸은 초등학교 입학 후, 삼 개월 되지 않아 탈장 수술했습니다. 아기 때부터 배앓이가 심했고 평소에도 자주 복통을 호소했습니다. 초콜릿이며 과자며 찬 음료를 좋아합니다. 먹어도 탈이 나지 않으면 좋으련만 잘 체하고 자주 아픕니다. 탈이 나면서도 늘 간식과 차디찬 음료를 먹습니다. 금방 배가 아프다고 했으면서 약 먹으니 나아졌다고 다시 밀가루 간식에 손을 댑니다.
"아프면 안 먹는 게 정상 아니야? 작작 좀 먹어!"

제가 딸을 걱정하듯이 엄마도 저를 걱정합니다. 집에 늦게 오면 염려하고, 조금이라도 아프다고 하면 마음졸이고, 먹을 것 하나라도 더 챙겨주려는 엄마의 바람이 투박한 말투 사이에 스며 있습니다. 아흔셋의 노모는 여전히 저를 아이 보듯 '엄마'로 살아가고 있습니다.

요리하던 엄마가 갑자기 저를 부릅니다. 양념에 재어 놓은 황태구이를 보여줍니다. 재료 손질하는 법, 들어가는 양념, 요리 순서를 말해줍니다. 아무리 사 먹는다고 해도 먹고 싶은 반찬을 모두 사 먹을 수만은 없지 않겠냐고 말합니다.
"내가 없어도 먹고 싶을 때 이렇게 만들어 먹으라고."

회식으로 밤 10시가 넘어 집에 도착했습니다. 현관문을 열고 들어서자 거실 소파에 엄마가 누워있었습니다. 저녁 식사만 하면 피곤하다고 방으로 들어가 눕기 바쁜 엄마가 제가 걱정됐나 봅니다.
"일찌감치 오라니까. 애도 기다리고 있구먼."
옷 갈아입고 간단히 씻고 나오는데 목에서 기침이 몇 번 나왔습니다. 일교차가 커서 감기가 오려는지 목 상태가 좋지 않습니다.
"감기 걸린 것 아니냐? 내 판피린 하나 줄 테니 먹고 따습게 하고 자. 아프면 고생이다."
이 정도는 별거 아니라고 말하면서도 내심 고마웠습니다. 따뜻한 물이라도 한잔 마시라며 엄마가 전기 주전자에 물을 끓이고 있었지요. 오십을 바라보는 나이에도 엄마가 챙겨주니 기분은 좋습니다.

　엄마 말투는 여전히 투박하지만, 마음만은 늘 저를 향해 있다는 것을 다시금 새겨봅니다.

엄마의 잔소리

엄마의 잔소리가 싫습니다. 초등학생도 아니고, 하지 않아도 될 말을 몇 번이고 반복하는 것은 이해할 수 없습니다. 의식주에 관련된 것은 물론이고, 걸음걸이, 쉬는 자세, 웃는 모습까지 엄마의 방식대로 따르기를 바랍니다. 설거지는 밥 먹고 바로 해라, 팔자걸음 걷지 말라, 다리 벌리고 앉지 말라, 여자가 왜 그렇게 목소리 크게 웃냐 등등 제 결정권과 자유는 없고 엄마의 말에 따르지도 않으면서 조종당하는 기분이 듭니다. 사소한 것까지 일일이 간섭하려는 엄마의 말에 자꾸만 짜증 납니다. 온갖 못된 말들이 엄마를 향해 날아갑니다.

"네 머리카락으로 짚신을 지어서 나한테 신겨줘도 그 은공은 못 갚는다!"

싸움 끝자락 엄마의 모진 말들을 듣고 '친딸이 아니라서 나를 사랑하지 않는구나!'라고 결론 내리기로 했습니다. 괴롭습니다. 제 나름의 방식으로 노력하는데 자꾸 핀잔만 들으니, 마음마저 삐뚤어집니다. 답답한 마음에 어떻게 해야 엄마와의 관계가 좋아질까, 생각해 봅니다. 구십 평생 살아온 엄마의 성격을 제가 고칠 수 없다는 걸 알면서도 섭섭한 마음 어쩔 수 없습니다.

　엄마 마음 이해하려 마음을 다잡습니다. 노화는 몸에만 오는 건 아닐 겁니다. 엄마의 거침없던 시절. 기억은 건강하던 때에 머물러있지만 먹는 것, 행동하는 것, 생각하는 것 모두 달라졌습니다. 얼마나 답답할지 모르겠습니다. 젊은이의 내일은 기회이자 희망이지만, 노인의 내일은 포기요 두려움일 수 있다는 생각이 듭니다. 저도 시간이 오면 겪을 일입니다. 과연, 그 모든 것을 가볍게 흘려버릴 수 있을까요? 아무리 생각해도 아니오! 입니다.

　"예전엔 김치로만 밥을 먹어도 얼마나 맛있었는지 몰라. 김치를 쭉쭉 찢어 밥에 척 올려 먹으면 그렇게 꿀맛이었어!"

　"예전엔 버스도 없고 차가 어디 있었관데? 사십 리(15.7km), 오십 리(19.6km) 맨날 걸어 다녔지."

　노모와 자식이 주검으로 발견되었다는 뉴스가 나옵니다. 자신도 마음대로 살지 못하는데, 치매에 걸린 노모를 감당하지 못해 일어난 끔찍한 사건이었습니다. 보도되지 않은 다른 사건들도 포털 사이트에 검색하면 줄줄이 나옵니다. 노부부 둘이 살다가 한 명이 치매에 걸려 동반 자살한다거나, 치매에 걸린 부모를 부양하다 지쳐 부모를 살해하는 경우까지 다양한 사건 사고가 비일비재하게 일어나고 있습니다. 개인의 일을 넘어 사회적 문제라며 사각지대를 없애야 한다는 기자의 말처럼 구석구석 관심을 고루 가졌으면 하는 바람입니다. 뉴스를 보며 그래도 엄마는 치매에 걸리지 않았으니 얼마나 다행인가! 감사한 마음이 듭니다.

　2020년 공공데이터 포털 보건복지부 치매 현황 자료에 의하면 65세 이상 노인 전체 8,134,675명 중, 840,192명이 치매 환자로 노인 10명 중 한 명은 치매 환자입니다. 더불어 85세 이상은 10명 중 무려 4명이나 치매 환자인 셈이지요. 보통 치매 노인은 개인이 감당하지 못해 기관이나 시설로 가는 경우가 많습니다. 요양보험이 있다고 하더라도, 자녀가 어느 정도 부담해야 하는 것은 현실입니다.

　출근길에 만났던 택시 기사의 말이 아직도 선명히 기억납니다.

　"부모가 너무 오래 사는 것은, 자식 죽는 일입니다! 오래 사는 것은 재앙이에요!"

　머리가 희끗희끗한 할아버지 기사의 충격적인 말에 한동안 멍한 기분이 들었습니다. 거침없이 내뱉는 말에 어떤 사연이 있을 법했지만, 굳이 묻지 않았습니다. 지쳤다는 표현이 그만큼 거칠게 나왔다고 생각했습니다.

　아무리 백세시대라고 하지만, 현실에서는 좀처럼 만나기 힘듭니다. 백세 넘은 사람 중, 질병 없이 건강한 사람은 상당히 소수입니다. 우리가 미디어에서 보는 백세 넘은 노인을 일반적이라고 생각하기 어렵지요. 엄마가 백 세가 되려면 7년 남았습니다. '밤새 안녕'을 인사하는 나이. 남은 생이 얼마나 남았을지 장담할 수 없습니다. 끝나지 않을 잔소리 같지만, 하루하루 앙상해지는 엄마의 모습을 보면 '얼마 남지 않은' 시간이 있다는 것은 사실인 듯합니다.

엄마와 딸 관계는 영원한 숙제일지 모릅니다. 제일 사랑하는 사람이면서도 애증의 관계에 있기 때문일 겁니다. 엄마의 잔소리가 지겹다가도 일신상의 이유가 생기면 또 마음껏 기댈 수 있는 존재 또한 엄마밖에 없습니다. '엄마와의 이별' 생각만 해도 눈물 나려 합니다. 엄마가 없는 세상은 상상조차 하기 싫습니다.

세월 앞에는 장사 없다고 엄마는 언젠가 떠날 겁니다. 저는 아직 이별할 준비가 되지 않았습니다. 부모님이 모두 돌아가신 친구는 잔소리할 때가 그리울 거라며, 있을 때 잘하랍니다. 우리 모두 아는 사실이지만 알면서도 지키지 못합니다. 몸과 마음이 따로 움직입니다.

남은 시간. 엄마와 즐겁게 사랑만 하면서 지내고 싶습니다. 좋아하는 음식 먹고, 같이 드라마를 보며 수다 떱니다. 평일에는 오전에 요양보호사가 집에 오지만, 혼자 있는 오후엔 뭐 하는지 궁금하고 걱정도 되어 설치한 CCTV로 말도 걸어봅니다. 어디에서 제 목소리가 나오는지 알면서도 두리번거리는 엄마가 귀엽습니다. 평소에도 입 짧은 엄마가 식욕 없다고 먹지 못해 몸이 부쩍 말라서 걱정입니다. '가물에 콩 나듯' 맛있게 밥 한 그릇을 뚝딱 비울 때, 저는 날아갈 듯 기분이 좋습니다. 2층 할머니와 수다 떨다가 소리 내 웃는 엄마의 웃음소리에 저도 모르게 입꼬리가 올라갑니다. 엄마 기분에 따라 저의 감정도 들쭉날쭉합니다. 문득 아차! 싶었습니다. 엄마가 유독 더 아픈 날에는 잔소리마저 하지 않는다는 것을.

엄마의 잔소리는 어떤 의미일까요? 아마도 당신 없이도 잘 살라고 미리 하는 걱정이겠지요. 투박한 말투에 가려져 있지만 분명 저를 걱정하는 '사랑의 마음'일 겁니다. 엄마의 목소리에 예민하게 반응하고 싶지 않지만, 저 또한 예민한 엄마의 딸이라 어쩔 수 없습니다. 대신 '들숨, 날숨' 호흡하고, 엄마에게 천천히 예쁘게 말하기를 연습해 보려 합니다. 엄마의 잔소리마저 그리울 날이 언젠가는 오고야 말테니까요.

엄마가 되어 보니

톡 쏘는 말투, 확 채어가는 몸짓, 매섭게 쳐다보는 눈빛, 당신 생각과 다르면 윽박지르는 목소리.

사소한 일에도 예민한 엄마가 힘들었습니다. 엄마가 보통 사람들보다 불안이 높다는 것은 고등학교 때 이모에게 들었던 '엄마의 지난 시간'을 통해서 알게 되었고, 이후부터 엄마가 이해되기 시작했습니다.

두 번의 결혼 중, 한번은 한국전쟁으로 또 한번은 도박으로 실패했습니다. 죽고 사는 문제가 걸린 전쟁과 일제강점기 역사 또한 엄마의 불안을 증폭시켰지요. 가난하고 배고픈 세상은 스스로 지키지 못하는 자에게 더 잔인했을 겁니다. 결혼에 실패했어도 받아주지 못한 친정이었고, 엄마가 가장 어렵고 힘들 때 할머니마저 돌아가셨습니다. 아버지는 어릴 때 일찍 돌아가셨고 형제자매가 있었지만, 엄마를 돌봐줄 사람은 아무도 없었습니다. 혈혈단신 서울에 올라와 식모살이를 시작했지요. 그리고 저를 만났습니다.

돌아보면 엄마는 늘 불안했습니다. 타지살이. 여자 혼자 몸으로도 힘들었을 텐데 저까지 돌봐야 했으니 얼마나 힘들었을까요. 폭력을 일삼는 주인집 할아버지와 늘 싸워야 했고, 가진 것 없이 살아가려면 무슨 일이든 덤벼들어야 했습니다. 그야말로 '안간힘'을 쓰고 살았습니다. 주변 사람들에게 만만하게 보이지 않으려고 엄마는 더욱 강한 존재가 되어야만 했을 겁니다. 저를 처음 만났을 때 엄마는 혹여라도 제가 아플까 봐 밥을 저울에 재서 정량만 먹였다고 했습니다. 제가 홍역에 걸렸을 때는 열이 떨어지지 않는 저를 업고 산동네를 하루 두세 번씩 올라다녔습니다. 그때 엄마 나이는 52세였습니다. 위기에 더 강해진다고 엄마는 저를 지키기 위해 더욱 강해지려 했을 겁니다. 이런저런 이유로 엄마는 속마음은 여리고 약하지만, 겉모습만큼은 모질어 보일 만큼 투박하고 강한 모습만 남았습니다. 그럼에도 불안은 갑상샘 항진증이라는 병으로 엄마의 몸에 고스란히 남았습니다.

제 행동이 예민한 엄마를 더 예민하게 만들기도 합니다. 배가 아파 화장실을 여러 번 다니면, 뭘 먹었길래 배가 아프냐며 걱정합니다. 아파서 병원에 다녀왔다고 하면 어디가 아프냐고 평소에 건강관리를 해야 한다고 주야장천 연설합니다. 주말에 늦잠이라도 잘라치면 어디가 아픈지 걱정부터 하고, 평소 퇴근하는 시간에서 10분만 늦어도 왜 오지 않냐며 바로 전화가 걸려 옵니다. 저를 걱정하는 마음 충분히 이해하지만, 숨 막히는 것도 어쩔 수 없었습니다.

저에게도 딸이 한 명 있습니다. 아이에 대한 일이라면 저 또한 제가 가진 능력보다 잘하려고 노력하는 편입니다. 제가 배우지 못했던 피아노, 태권도, 미술, 공부 과외 등 경제적으로 힘들어도 모두 가르치고 싶었습니다. 초등학교 입학 전 학습지를 시작하고 몇백이 넘는 전집을 샀습니다. 전화 영어학습지도 무리해서 시작했습니다. 가난해서 배우지 못한 것들, 내 아이에게만은 부족함 없이 해주고 싶었습니다. 그러나 아이는 사춘기에 접어들면서 자해하고, 죽고 싶다는 말을 입에 달고 살았습니다. 최선을 다하고 있다고 생각했던 저는, 아이에게 늘 부족한 엄마였던 것입니다. 아이가 물질적인 것 말고 '엄마의 사랑'이 필요하다고 말했을 때, 저는 어떻게 행동해야 할지 몰랐습니다.

딸은 초등학교 1학년 때에 탈장 수술했습니다. 수술 들어가기 전, 아이는 무섭다며 울기 시작했지요. 저는 잘할 수 있다고 가벼운 수술이라며 대수롭지 않다는 듯 응원의 말을 건넸습니다. 수술실로 들어가는 아이를 배웅한 후 주체할 수 없는 눈물이 흘렀습니다. 엄마는 아이 앞에서 약해지면 안 된다는 생각에 사로잡혀 따뜻한 말도 하지 못했습니다. 미안했던 일들만 떠올랐습니다. 아이가 원하는 것이 무엇인지 모르고 제 기준에서만 사랑하는 것이라 강조했습니다. 상대방이 원하는 것을 하는 것이, 진짜 사랑이라는 사실을 알면서도 아이를 위한 일이라며 모른 척했습니다. 자식을 위해 최선을 다하지 않는 부모는 없을 겁니다. 아이가 원하는 게 무엇인지 수술을 기점으로 조금씩 생각이 바뀌었습니다.

자식을 키워봐야 부모 마음을 알게 된다고, 제가 딱 그랬습니다. 자식이 잘못될까 조금만 아파도 마음이 조마조마하고 작은 일에도 놀라기 일쑤였습니다. 평소와 조금이라도 다르면 귀신같이 알아차리는 엄마가 이해되었습니다. 엄마가 이런 마음이었겠구나, 자식을 가진 부모는 늘 걱정이 떠나지 않겠구나! 이해되었습니다. 엄마는 저를 간섭하고 참견하고 구속한다고 생각했습니다. 오해였습니다. 엄마는 저를 항상 걱정하고 사랑하기에 그랬던 것입니다. 마흔아홉의 온전한 어른인 저를 여전히 한결같은 마음으로 사랑하는 엄마가 짠하기도 미안하기도 합니다.

저 또한 조급한 마음에 아이에게 큰소리칩니다. 뻔한 결과로 좋지 않은 일을 하려는 아이에게 잔소리부터 늘어놓습니다.
- 아이의 동선에 시선을 떼자.
- 별일 아닌 일에 간섭하지 말자.
- 스스로 하게 하자.
- 도움을 요청할 때 도와주자.
- 조언을 구할 때 조언하자.

아무리 결심해도 되지 않는 일입니다. 아이가 소중하다는 생각에 습관적으로 행동이 먼저 나갑니다. 사랑해서 하는 말인데 제 말에 아이는 짜증부터 냅니다. 마음과 다르게 모진 말이 나가서 아이가 상처받았다고 합니다. 순간 미안하다고 말하고 싶지만, 자존심에 선뜻 사과하지도 못합니다. 아이를 키우며 알게 되었습니다. 저는 제 엄마랑 똑같은 엄마입니다.

엄마는 귀가 잘 들리지 않습니다. 대화할 때는 큰 소리로 말해야 합니다. 엄마가 알아듣지 못해 했던 말을 여러 번 반복하면 답답하고 짜증이 납니다. 저도 모르게 목소리가 커지고 신경질적인 말투가 나옵니다. 엄마가 속상하다고 말합니다. 하루에도 몇 번씩 물건을 찾는 엄마인데 번번이 누가 가져갔다 하니, 답답한 마음입니다. 막상 물건을 찾으면 당신이 다른 곳에 놨거나, 떨어트렸거나, 굴러갔거나 했지요. 엄마의 행동들 이해가 되기도 아니기도 합니다.

    저도 몸이 예전 같지 않습니다. 40대 후반에 들어서면서 만성 질병이 하나둘 늘어났습니다. 체력이 점점 떨어지고 날씨의 영향도 많이 받습니다. 얼마 전까지 아무렇지도 않게 금방 해낼 수 있는 일도 몸이 따라주지 않아 포기할 때도 있었습니다. 체력이 약하니 뭘 할 수 있다는 용기조차 내기가 어렵습니다. 저로 인해 사람들에게 폐 끼칠까 염려됩니다. 그럴수록 병원과 약에 더욱 의지하게 됩니다. 이런 저 자신이 한심스럽게 느껴질 때가 많습니다. 딸은 제가 아픈 것에 예민합니다. 아프지 말고 오래 함께 살자고 합니다. 건망증이 심해진 저를 보며 치매 오는 거 아니냐며 걱정하는 모습이 귀엽기도 합니다. 파스도 붙여주고 연고도 발라주는 착한 딸입니다. 직접 겪어보지 않으면 모른다고 엄마의 상황이 충분히 이해됩니다. 제 몸이 아플 때 저를 이해하려는 아이의 태도에서 오히려 제가 배웁니다. 저는 참 불효자입니다.

    딸을 보며 엄마에게 친절해야겠다고 생각합니다. 몸 아프고 힘들면 예민해지는 것은 당연한 일입니다. 노모의 서운함이 쌓이지 않도록 돌보는 것, 제가 해야 할 일입니다. 저는 엄마에게 어떤 딸이었나 생각해 보니 쥐구멍에 들어가고 싶은 심정입니다. 엄마가 되어 엄마 관점에서 감정과 상처를 들여다봅니다. 당연하다고 생각했던 모든 것들은 절대 당연하지 않았습니다. 부끄럽지만 오늘은 엄마에게 '사랑해!' 한마디 꼭 해야겠습니다.

세상에서 가장 귀한 딸

"얼마나 못 먹었는지 다리가 휘고 몸이 깡말랐었어."

엄마를 처음 만났을 때, 제 다리는 안짱다리로 휘어있었고, 빼빼 말라서 금방이라도 부스러질 것 같았다고 했습니다. 갈 곳 없는 제가 불쌍해서 외면할 수 없었고 그래서 같이 살자 했답니다. 지금의 제 모습에서는 찾아볼 수 없는 약한 모습이었지요. 주인집 할아버지는 제 모습을 보고 곧 죽게 생겼다고 말했답니다. 밥과 간장만 먹었던 저는 그마저 입이 짧아서 잘 먹지 않았습니다. 엄마는 제가 어떻게 될까 봐, 조금이라도 더 먹여서 살찌우려 했습니다. 가난한 살림에 사골을 끓이고, 영양제를 먹이고, 당신은 먹지 못해도 저를 위해 건강에 좋다면 무엇이든 주었습니다. 덕분에 제 덩치는 일반인보다 큽니다.

엄마는 휜 다리를 펴보겠다고 자는 저의 다리를 밤마다 주무르고, 낮에는 고무줄놀이하라며 손에서 고무줄을 놓지 않았습니다. 어렴풋한 기억 속의 한 장면이 떠오릅니다. 저를 보며 웃고 있던 엄마의 모습이 지금의 모습과는 비교할 수 없을 만큼 아름답습니다. 사진 속 엄마는 지금의 제 또래 나이였지만, 아가씨처럼 고왔습니다. 엄마는 사람들이 제 다리를 보고 흉볼까 유독 저의 외모에 신경을 많이 썼습니다. 원피스와 모자, 그리고 구두와 크로스 백까지. 엄마를 만난 초창기 사진에서는 레이스가 없는 옷을 찾아볼 수 없습니다. 가난했어도 저를 위해 쓰는 돈 아끼지 않았던 엄마였습니다. 누구보다 듬뿍 사랑받은 아이가 사진 속에서 환하게 웃고 있습니다.

유독 키가 작아 초등학교 때 내내 1번을 독차지했습니다. 엄마는 저를 '난쟁이 똥자루'라고 불렀습니다. 실내화 가방 들고 다니면 바닥만 헤져서 구멍 사이로 신발이 튀어나오곤 했습니다. 키가 작아서 어쩔 수 없다면서도 자주 가방을 새로 사야 하니 속상해하던 엄마가 생각납니다. 엄마는 저의 키가 조금이라도 자랐으면 하는 바람으로 초등학교 6년 내내 우유 급식을 신청해 주었습니다. 아이들 영양제인 원기소도 오랫동안 먹었습니다. 저는 다른 아이들보다 돈이 더 많이 드는 아이였습니다.

엄마는 식모였습니다. 지금 말로는 상주하는 가정부나 파출부쯤 됩니다. 지방에서 서울로 올라와 할 수 있는 일이라고는 남의 집에서 밥과 살림하는 일뿐이었습니다. 주인 할아버지는 엄마보다 스물한 살이 더 많았습니다. 저는 그분을 '아빠'라 부르며 자랐습니다. 우리는 '동거인'이라는 이름 아래 한집에 살았습니다. 아빠는 엄마가 저를 키우는 것을 늘 못마땅히 생각했습니다. 객식구 한 명이 더 늘었기 때문입니다.

"초등학교 보내줬으면 됐지, 무슨 중학교에 또 보내? 집에서 허드렛

일시키지."

"아저씨한테 손 안 내밀고 다 내가 알아서 하는데 뭔 상관이요? 간섭 마소!"

아빠는 제 중학교 입학을 앞두고 엄마와 다투었습니다. 엄마는 어린 제가 초등학교만 나와서 무슨 일을 할 수 있겠냐며 싸웠습니다. 긴 싸움 끝에 저는 중학교에 입학했지요. 엄마는 약속대로 온갖 일을 도맡아 제 학비를 마련하였습니다. 제가 좋아하던 지우개 포장과 귀걸이 포장, 붕어빵 봉투 부치기, 상자 접기, 인형 만들기, 시간제 파출부까지. 엄마 말대로 100원짜리 요구르트 하나 사 먹지 않고 '악착같이' 벌어서 오로지 저를 위해서만 돈 썼습니다.

"한여름에도 너무 더워서 요구르트 하나 사서 먹으려고 해도, 100원이 너무 아까워서 그걸 못 사 먹었어. 내가 그렇게 지독하게 돈을 아껴서 너 가르치고 키웠다!"

"그렇게 한 맺힐 것 같으면 사 먹지 그랬어! 엄마는 똑같은 말을 몇 번이나 하는 거야?"

물에 빠진 사람 구해주면 보따리 내놓으라 해서 '착한 사마리아인 법(위급한 상황에서 다른 사람을 도와주려 할 때 법적인 책임으로부터 그 사람을 보호하는 목적)'이 생겼다고 합니다. 엄마에게 큰 은혜를 입어놓고 엄마의 넋두리 한번 제대로 들어준 적 없습니다. 고생한 엄마가 물론 가엽기도 하지만, 저 또한 마음고생 심했지요. 저밖에 모르는 제가 스스로 생각해도 참 나쁩니다. 그러나, 이런 생각하는 자체가 '마음으로만 엄마'가 아닌 '진짜 내 엄마'라는 마음이 더 크기 때문인가? 생각하기도 했습니다.

엄마에게 저는 '세상에서 가장 귀한 딸'이 맞습니다. 엄마 또한 저에게 '세상에서 가장 귀한 엄마'이고요. 그렇기에 지금까지 함께 하는 게 당연하다고 생각합니다. 엄마와 함께한 47년. 한집에서 함께 살면서 불편할 때도 있고, 다투기도 하고, 참견 아닌 참견하고 삽니다. 서로를 힘들게 하는 시기도 있었지만 그래도 여전히 우리가 함께하는 이유는, 떼려야 뗄 수 없는 사이라는 것을 잘 알기 때문입니다.

이 세상에 발붙일 곳 없어 죽고 사는 갈림길에 섰을 때, 엄마는 저에게 딛고 설 땅이 되어 주었습니다. 제 흰 두 다리 힘줄 수 있게 지지해 주었고 덕분에 이 세상 마음껏 걷고 뜁니다. 엄마가 저에게 큰 힘이 되어준 것처럼, 저 역시 엄마에게 버팀목이 되어 인생 끝자락 '든든한 보호자'가 되고 싶습니다.

평소 사소한 일들로 다투는 일이 종종 있습니다. 깊이 생각하면 아무것도 아닌 일입니다. 당장 감정으로 속상하겠지만 들여다보면 사람 다 그러고 사는 겁니다. 엄마가 잔소리하는 것도, 제가 엄마에게 짜증을 부리는 것도, 아픈 엄마가 안쓰러운 것도, 아이 신경 쓰랴 직장 생활하랴 매일 피곤한 저를 걱정하는 엄마도, 크게 보면 '사랑하기에' 일어나는 엄마와 딸의 일상입니다.

"엄마, 나 사랑해?"
"사랑하니까 지금까지 키우고 같이 살았지. 하는 것 보면 답답하지만."
"뭐야. 안 사랑하네."
엄마가 저에게 준 사랑과 희생만큼은 다시 돌려주기는 어려울 듯합니다. 그 크기와 깊이를 알 수도, 이해할 수도 없거니와 해줄 수 있는 게 별로 없기 때문이지요. 제가 엄마 마음에 들지 않을지언정 저는 제가 할 수 있는 최선을 다할 겁니다. 엄마는 저에게 세상에서 제일 귀한 가족입니다. 엄마와 헤어지게 될 날에 후회하지 않도록 모든 힘을 쏟아보려 합니다.

칭찬은 뒤에서만

친구들이 과자나 초콜릿을 먹을 때 '한 입만'을 외치고 다녔던 시절이 있었습니다. 용돈이 부족해 과자는커녕 불량식품도 먹기 힘들었습니다. 엄마는 그런 제가 안쓰러우면서도 용돈을 주지 못하니 속상했다고 합니다. 초등학교 때, 찬장 속 엄마의 지갑에 처음 손을 댄 적이 있었지요. 친구들이 먹는 캐러멜을 먹고 싶어서 참을 수가 없었습니다. 엄마 지갑 속에는 지폐와 동전이 있었는데 동전을 모조리 꺼내 캐러멜과 과자를 샀습니다. 친구들과 맛있게 나누어 먹었지요. 남의 물건에 손대는 행위가 나쁜 습관으로 반복될까 봐 겁이 난 엄마는, 저를 연탄 부지깽이로 사정없이 두들겼습니다. 다시는 남의 돈이나 물건에 손대지 않겠다는 다짐을 여러 번 하고 난 후에야 용서받을 수 있었습니다. 얼마나 호되게 당했는지, 이후 다시는 엄마의 지갑이나 남의 물건에 욕심내는 일은 없었습니다.

먹고 싶고 하고 싶은 게 많았던 저에 비해 턱없이 부족한 형편은 엄마를 더 짠순이로 만들었습니다. 동네잔치에 다녀온 날은 저를 위해 잡채와 고기, 맛있는 과자와 음료수를 싸 와서 챙겨주었습니다. 한여름에 목이 말라도 음료수 한번 사 먹지 않았다는 엄마는 오로지 저를 위해서만 돈을 썼다고 당당히 말합니다. 한 번쯤 당신을 위해 쓸 법도 했건만, 못 먹고 못 입어도 저를 위해서 아끼고 또 아꼈습니다. 학교에 진학시키고 교재를 사주고, 엄마 눈에는 온통 저만 보였던 것 같습니다.

엄마가 의료기기 체험장에 다닐 때, 작은 액수의 소소한 물건들을 사곤 했습니다. 큰 금액의 물건은 엄두가 나지 않아 여러 번 고심했던 걸 알고 있었지요. 과거의 가난했던 기억들이 떠오르면서 엄마가 갖고 싶어 하는 것은 모두 사드리고 싶었습니다. 그래서 게르마늄 침대와 알칼리 이온정수기를 할부로 사드렸습니다. 의료기기라 상당한 고가였지요. 제가 엄마에게 받은 것이 많으니, 하나도 아깝지 않았습니다. 그것들을 사서 엄마가 건강하게만 지낼 수 있다면 더 비싼 것이라도 사주고 싶었지요. 의료기기 체험장에서의 저는 효녀였습니다. 그 일로 엄마는 다른 할머니들의 부러움을 샀지요.

저는 엄마가 고맙다고 칭찬해 주기를 바랐습니다. 하지만 엄마는 단 한 번도 먼저 고맙다고 말하지 않았습니다.

"엄마. 이거 내가 엄마 건강해지라고 사주는 거야!"

"당연히 사줘야지! 내가 건강한 게 너한테도 좋은 거야!"

칭찬받을 줄 알았는데 엄마의 대답은 늘 이상합니다. 예전부터 칭찬이 인색한 엄마입니다. 잘한 건 당연히 잘해야 하는 일이고, 못하는 건 마땅히 한 소리 들어야 하는 일이었습니다.

"우리 딸이 먹을 건 안 떨어지게 잘 사다 날라. 간식이며 건강식품이며 부족함 없이 잘 날라. 고게 성질이 더러워서 그렇지, 하는 건 잘해."

때마다 고모와 외숙모가 엄마의 안부 전화 걸어옵니다. 일부러 엿듣는 건 아니지만 엄마 목소리가 큰 탓에 통화 내용이 다 들립니다.

2층 할머니와 요양보호사도 말합니다. 할머니는 딸이 듣는 데서는 절대 칭찬하지 않는데, 뒤에서는 딸 칭찬을 잘한다고 합니다. 그만큼 엄마는 저에게 표현하는 것이 어색한가 봅니다.

"엄마, 나 사랑해?"

딸이 와서 묻습니다.

"당연히 사랑하지. 그걸 말이라고 해?"

사랑한다면 사랑한다는 표현을 자주 해야 하는데, 왜 그러지 않냐며 따져 묻습니다.

"할머니 닮아서 그래!"

엄마에게 왜 뒤에서만 칭찬하고 저에게는 직접 얘기하지 않냐고 물었습니다. 칭찬하면 잘하는 줄 알고 기고만장해서 버릇이 나빠진답니다. 엄마를 가르친 어른들에게 그렇게 배웠다고 했습니다. 오랜 기간 아이를 엄하게만 키워온 옛날 조상님들의 말씀이지요. 엄마와 저의 나이 차이는 44년으로 세대 차이가 심하게 난다는 것을 다시 한번 느낍니다.

마음속 깊이 가족을 사랑합니다. 한 번도 '사랑한다!' 먼저 말해본 적 없습니다. 저도 엄마에게 사랑한다는 말을 한 번도 들어 본 적 없습니다.

가끔 제가 딸처럼 저를 사랑하냐 물으면, 엄마는 마지못해 "그래!"라고 외마디 외칠 뿐이었지요. 엄마도 제 마음과 똑같다는 것을, 딸을 키워보니 알겠습니다.

딸은 제가 사랑한다는 표현을 먼저 말하지 않아서 불만이라고 했습니다. 사랑하는 마음은 있지만, 막상 표현하려면 쑥스럽습니다. 굳이 그걸 말로 표현해야 하나? 말하지 않아도 다 알지 않나? 생각했습니다.

엄마를 닮아 칭찬에 인색합니다. 저 역시 딸에게 잘하는 건 당연한 거고, 못하는 일은 더 잘하라며 잔소리하는 엄마가 되었습니다. 딸을 통해 저를 보니, 저는 엄마와 판박이처럼 닮아있었습니다. 제 서운한 마음이 딸에게도 똑같이 전달되는 것 같아 미안하기도 짠하기도 합니다.

거꾸로 생각하면 저 또한 엄마에게 사랑한다는 말을 자주 하지 못했습니다. 49년 평생을 통틀어 몇 번이나 했을까요? 부모는 자식을 당연히 사랑해야 한다며 이기적인 생각만 했지, 자식이 부모를 사랑하는 마음에 대해서는 깊게 생각지 못했습니다. 딸은 용돈을 주어도, 맛있는 음식을 먹어도, 가족여행을 가서 예쁜 경치를 봐도 저에게 사랑한다고 말했습니다.

엄마 나이 아흔셋, 엄마를 마음껏 사랑할 날이 얼마나 남았을까 생각하면 마음이 무거워집니다. 이제는 쑥스러움을 무릅쓰고서라도 사랑한다고 말해야겠습니다. 제가 먼저 엄마에게 다가가면 엄마의 경직된 마음도 조금은 느슨해지지 않을까 추측해 봅니다. 하루아침에 고쳐지지 않겠지만 우리 삼대 모녀의 사랑을 위해 애써야겠습니다.

쌈짓돈이 목돈 되어

엄마는 어떻게든 돈을 모으겠다며 푼돈이더라도 일거리를 찾았습니다. 지우개 포장하기 2원, 붕어빵 봉투 붙이기 장당 5원, 귀걸이 포장 3원, 상자 접기 1원, 인형 눈붙이기 3원 등의 소일거리를 했습니다. 성당에서 우리 집 처지를 아는 분의 소개로 청소 아르바이트도 구했습니다. 일주일에 두 번 하루 3시간, 급여 3만 원이 가장 큰 수입이었습니다. 그마저 몇 달 하고 그만두긴 했지만, 엄마는 돈을 벌 수 있는 자체로 감사했습니다. 나이 많고 기술 없는 육십 대가 할 수 있는 일이라고는 그런 것뿐이었습니다. 밤잠을 자지 않고 열심히 일해도 손에 쥐어지는 돈은 얼마 되지 않았습니다. 저를 학교에 보내려고 매일 고군분투하는 엄마를 보며, 돈을 빨리 벌고 싶다는 욕심이 생겼습니다.

고등학교 1학년 여름방학 때, 엄마에게 경제적으로 도움이 되고 싶어서 한남동 오거리에 있는 햄버거 가게에서 아르바이트를 시작했습니다. 하루 5시간. 감자를 튀기고, 햄버거와 핫도그를 만들었습니다. 처음에는 학생도 돈을 벌 수 있다는 게 신기해서 모든 게 재미있었습니다. 시간이 지나자, 앉지도 못하고 계속 서 있으려니 다리에 쥐도 나고 허리가 아파서 일이 힘들어졌습니다. 서서 일하는 것이 이렇게 힘들 줄은 몰랐습니다. 종업원을 위한 의자 하나 없었고 손님이 언제 방문할지 몰라서, 가게에 사람이 없어도 테이블에 앉을 수 없었습니다. 밤이 되면 혈액순환이 되지 않아 다리가 띵띵 부었습니다. 초보 아르바이트생의 시급은 2,300원. 돈 버는 일이 힘들다고 생각하면서도, 엄마가 버는 돈보다 저의 벌이가 더 크니 일을 포기할 수 없었었습니다. 한 달 내내 열심히 일한 돈봉투를 열어보지도 않고 엄마에게 드렸습니다.

"네가 어떻게 이런 큰돈을 벌었냐?"

엄마의 기뻐하는 모습을 보고 힘들었던 일들이 말끔히 사라졌습니다. 방학 때마다 엄마를 도와서 일해야겠다는 결심이 섰습니다.

겨울 방학 땐, 아르바이트로 한 달 넘게 삼성동 코엑스에 있는 레스토랑에서 설거지했습니다. 벼룩시장 신문을 열심히 뒤져 면접에 갔습니다. 주방 아주머니가 장난감 같은 고운 손으로 설거지할 수 있겠냐며 의심했습니다. 어린 학생이 왜 일하려 하냐며 궁금해했습니다. 집안 형편 이야기하고 싶지 않아 학원비 때문이라 둘러댔습니다. 그릇을 두세 개씩 깨서 아주머니께 혼나면서도 씩씩하게 해냈습니다. 손바닥 습진이 생겨 물건을 잡을 때 쓰리고 아팠습니다. 햄버거집 아르바이트가 경력이 되어 시급 몇백 원을 더 받게 되었습니다. 모두 엄마에게 드렸지만, 돈 버는 일이 재미있다고 생각했습니다.

고등학교 졸업 전, 동네 버스 종점에서 첫 직장생활을 시작했습니다. 격일 24시간, 한 달 내내 근무하고 받은 오십만 원 조금 넘는 월급으로 시작해서 결혼 전까지 나름의 경제활동 열심히 했습니다. 쉬지 않고 일했습니다. 번다고 벌어도 나아지지 않는 살림은 저를 지치게 했습니다. 엄마는 여전히 알뜰살뜰 아끼고 살았지만, 우리는 가난했습니다. 사는 게 힘들고, 답답하고, 절망스러웠습니다. 경제적 여유가 있어서 회사에 다니는 친구들과 돈 없어 일하는 제 마음은 천지 차이였습니다. 이렇게 산다고 삶이 나아질까? 의문이 들었습니다.

첫 번째 직장생활을 접고 다른 회사를 알아보고 있을 때, 친구가 직장을 소개해 준다고 했습니다. 순진하게 친구 따라 다단계에 빠졌습니다. 허황한 꿈에 빠져 빚만 잔뜩 늘어났습니다. 피라미드 회사에 쏟아부은 돈과 수입이 따로 없어 돌려쓰던 카드 대금이 연체되었습니다. 은행에서 집으로 전화했고 엄마는 당시의 800만 원이라는 큰 금액에 충격받았습니다. 스물두 살의 딸에게 노모는 몽둥이를 들었고 '호적을 파가라' 했습니다. 지난 시간, 엄마에게 주었던 돈의 몇십 곱절이나 되는 돈을 날려버린 셈입니다. 엄마를 다시 '돈 빌리러 다니는 사람'으로 만들었습니다. 일해서 돈 벌 때는 그렇게 힘들더니 나갈 때는 허망하게 단번에 사라졌지요. 돈 관리를 못 하면 인생이 망가질 수 있다는 사실을 처음으로 깨달았습니다. 십만 원, 이십만 원 할 때는 크던 돈이 백, 이백, 삼백 계속 늘어나니 얼마나 큰 금액인지 실감하지 못했습니다. 허황된 돈만을 쫓다가 우리 가족의 삶을 망쳐 놓았구나! 좌절했습니다.

평소 백 원 이백 원도 아까워서 벌벌 떠는 엄마에게 800만 원이라는 큰 짐을 안겨주었습니다. 시대를 잘못 만나 평생 아끼고만 살았던 엄마를 더 힘들게 했습니다.

　꾸준히 일하면서 엄마에게 매월 생활비와 용돈을 드렸습니다. 가정을 꾸리는 데에는 돈이 만만치 않게 들어갑니다. 우리 네 식구 식비와 생활비, 용돈 그리고 세금과 보험료 등등 생각보다 많이도 들어갑니다. 갑작스럽게 가전제품이 고장 나거나 생각지 못한 수리비에 써야 하는 급전도 무시하지 못합니다. 작년 겨울, 한파에 고장 난 보일러는 통째로 교환해야 했고, 화장실 변기에서 물이 새서 도기를 교체했습니다. 멀쩡하던 텔레비전이 갑자기 나오지 않았고 오래된 집과 물건은 말썽을 부렸습니다. 엄마는 용돈을 차곡차곡 모았다가 급할 때 보태 쓰라며 봉투를 척척 내놓았습니다. 제가 드린 작은 용돈이 목돈이 되어 돌아왔습니다. 더 드리지는 못할망정 거절하지 못하고 받아쓰는 마음 죄송합니다. 저의 부족한 현실은 늘 부끄러움을 이겨버립니다.

　어려운 살림에 지금까지 최선을 다해 벌어왔다고, 나름대로 도리는 했다고 자신만만했던 저의 마음이 쪼그라듭니다. 부모와 자식 간은 내리사랑이라고, 부모니까 당연하다고 생각한 적도 있었습니다. 빚쟁이가 돈 맡겨놓은 것처럼 당당하게 받으려는 심보입니다. 자식 낳아 키워보니 아무리 내리사랑이라 해도 이건 아니다 싶을 때가 많았습니다. 그럴 때마다 저는
　"내가 너를 어떻게 키웠는데, 나중에 다 갚아!"
　"너, 나중에 나한테 얼마나 잘하는지 두고 볼 거야!"

하며 계산기를 두드렸습니다. 엄마와 저를 비교해 보니, 저는 아주 좀생이에 불과합니다.

엄마에게 아끼다 똥 된다며 먹을 거 입을 거 아끼지 말라고 입버릇처럼 말합니다. 엄마의 일상은 얼마 남지 않아서 좋은 건 엄마가 다 하라고 해도 도통 말 듣지 않습니다. 용돈 모아서 손녀딸 용돈 주고, 혹여라도 돈 걱정 생길까 차곡차곡 쌈짓돈 아끼고 모아둡니다. 그런 엄마의 모습에서 '진짜 엄마'가 무엇인지 제 안에 있는 '쥐꼬리만 한 엄마의 자격' 돌아봅니다.

밥이 제일 중요해

"늙은이 밥도 안 챙겨주냐?"

엄마는 삼시 세끼 밥때가 조금이라도 늦어지면 역정을 냅니다. 아침 8시, 점심 12시, 저녁 6시는 칼같이 지켜져야만 합니다. 오전 10시 요양보호사가 집으로 출근합니다. 그래서 직장생활 할 수 있습니다. 아침과 저녁 식사는 제가 챙겨야 합니다. 근무 시간을 조정할 수 있는 회사로 취업했습니다. 감사한 일입니다.

회사에서 일찍 나오지만 차가 막히면 퇴근이 늦어집니다. 6시가 훌쩍 넘을 때가 많습니다. 저녁 식사 시간을 예측하기 어렵습니다. 강남에서 강북으로 넘어오는 퇴근길은 교통량이 들쭉날쭉합니다. 집에 도착하자마자 옷 갈아입을 시간도 없이 저녁상을 차립니다. 새로운 반찬 할 재료도 시간도 능력도 없습니다. 부랴부랴 상 차리면 엄마의 한소리 날아듭니다.

"가뜩이나 입맛 없는 노인네, 반찬도 없이 아침, 점심 먹던 거 그대로 삐죽 주면 다냐?"

저녁 식사 후, 밥이 없으면 다음 날 일찍 일어나 밥해야 합니다. 저녁에 밥을 해놔도 되겠지만, 아침이면 입안이 더욱 까슬하다는 엄마에게 갓 지은 밥해주고 싶습니다. 유독 아침잠이 많은 저는 밥 한 번 하는 것도 부담스러울 때 있습니다. 남은 치아 하나 없이 틀니에 의존하는 엄마는 국 없이 식사하기가 힘듭니다. 최근 가뜩이나 식욕이 떨어져 5kg이나 살 빠졌습니다. 앙상한 몸을 볼 때마다 불편한 마음이 올라옵니다. 반찬이라도 잘 만들어야 하는데 해보지 않아서 부족합니다. 엄마한테 받아먹기만 했지, 엄마는 뭘 좋아하는지, 반찬을 어떻게 만들어야 하는지 막막하기만 합니다. 인터넷 보고 만들어도 되지만, 까다로운 엄마의 입맛을 형편없는 제 솜씨가 따라갈 수는 없습니다.

요리를 전혀 모릅니다. 그래서 엄마 말대로 '사다 나르기'는 잘합니다. 대형 상점에서 사골국, 우거지탕, 갈비탕 등등 상자로 사들여 쌓아놓고, 근처 반찬 가게에서도 밑반찬 사서 나릅니다. 엄마가 좋아하는 간장게장을 인터넷으로 주문하고 냉동고에 쟁여 둡니다. 즉석식품이지만 만두, 떡갈비, 떡국떡, 닭고기꼬치 등 먹을 것이 떨어지지 않게 챙겨놓습니다. 그러나 엄마는 제 방식의 식사에 만족하지 못합니다.

엄마의 고향은 전라도입니다. 못하는 요리가 없을 정도로 음식을 맛있게 잘합니다. 엄마의 김치와 깍두기를 먹어보지 않은 사람은 있어도 한 번만 먹어본 사람은 없습니다. 사람들이 맛있다며 엄마표 반찬을 얻어가곤 했습니다. 엄마는 작년까지도 해도 된장, 고추장, 간장까지 손수 담갔습니다.

약수동 먹자골목이 집 근처입니다. 맛집이라고 소문나서 외식한 곳은 엄마의 음식솜씨를 따라가지 못해 매번 실패했습니다.

"돈 받고도 이런 건 못 먹겠다!"

"이런 걸 비싼 돈 주고 왜 사 먹냐?"

몇 번의 외식 실패로 우리 가족은 더 이상 나가서 식사하지 않게 됐습니다. '장금이 손맛을 가진 엄마'는 맛있다는 표현이 인색합니다. 그러니, 저의 밥상은 아주 초라하기 짝이 없는, 줘도 먹기 싫은 밥상일 겁니다.

제가 유일하게 기댈 수 있는 반찬은 '간장게장'입니다. 엄마는 유독 간장게장을 좋아합니다. 가격이 제법 비싸기는 하지만, 유일하게 엄마의 밥공기를 비워주는 것은 간장게장뿐입니다. 당신 치아 하나 없이 틀니로 꽃게 다리를 '아작아작' 씹는 모습을 보면 흐뭇하기까지 합니다. 흠이라면, 밥상이 꽃게 껍데기 때문에 지저분해진다는 겁니다. 꽃게살은 먹을 게 적고 딱딱한 껍질만 수북이 쌓입니다. 딸인 저와는 밥을 잘 먹다가도 사위와 함께 식탁에 앉는 날에는 '눈치'가 보이는지 깨작깨작 먹는 둥 마는 둥 하지요.

어떤 날은 식사하다가 시작된 딸꾹질이 멈추지 않고 계속됐습니다. 밥을 먹다가 재채기 한방에 밥상이 초토화 되기도 하고요. 손가락 힘이 없어 숟가락과 젓가락을 자주 바닥으로 떨어트립니다. 조금이라도 찐득한 반찬이 올라오는 날엔 틀니가 제멋대로 빠져나오기도 합니다.

오래된 반찬이 아깝다며 새로운 반찬을 같이 섞는가 하면, 남은 고기도 찌개에 짬뽕해 재탕이 들어갑니다. 남은 김치를 버리려 해도 국물 먹겠다며 버리지 못하게 합니다. 그렇게까지 할 만큼 형편이 나쁘지 않습니다. 엄마가 겪은 한국전쟁과 식민지 생활, 그리고 보릿고개가 모든 걸 귀하게 만들었겠지요. 지저분해 보여서, 엄마가 하는 일에 간섭이라도 할라치면 불같이 화를 내니 저로서는 아무것도 할 수가 없습니다. 어떻게 하는지 두고 보다가 제 얼굴에는 붉으락푸르락 단풍이 듭니다. 답답합니다. 똑같은 음식을 먹어도 엄마는 왜 저렇게 하는 건지, 제 속만 시커멓게 타들어 갑니다.

지난주, 겉절이를 먹고 싶다던 엄마는 마트에 갔습니다. 옛날 생각에 배추 두 개를 사서 노인용 보행기에 태워 밀고 왔지요. 꽤 무거웠을 텐데 그 정도 힘은 남아있는가 싶어서 다행이었습니다. 엄마에게 요리를 배워보겠다고 함께 하자고 했지만, 엄마는 아무도 없는 틈을 타 혼자 김치를 담그다 넘어지고 말았습니다. 저의 잔소리가 듣기 싫어서 한마디도 않다가, 생각보다 통증이 아프고 견디기 힘들었는지 다음날에서야 고백했습니다. 부랴부랴 병원 가서 엑스레이 찍고 주사 맞고 왔습니다. 다행히 큰 이상은 없다고 합니다. 엄마 마음 상할까 참으려다가 저도 모르게 못된 소리 나와버렸습니다.

"엄마! 넘어져서 다치면 엄마 입원해야 해. 엉덩이관절 다치면 1년 안에 돌아가신대. 제발 좀!"

윽박지르고 말았습니다. 좋게 말하면 제 말을 듣지 않으니, 거친 말 더 세게 나옵니다. 엄마는 방으로 들어가면서 혼잣말했습니다.

"지금까지 내가 다 해 먹었지, 네가 했냐? 할 줄도 모르면서 말만!"

제 말을 큰 소리로만 받아치던 엄마 목소리가 언제부터인가 작아졌습니다.

엄마의 기세등등한 목소리를 다시 찾기 위해서라도 어떻게든 밥을 잘 챙겨야 합니다.

노모는 식사가 부족해 매번 최저 몸무게를 갱신합니다. 팔다리는 앙상한 뼈가 드러나고 힘이 없어 자주 넘어집니다. 새벽같이 일어나 출근을 챙겨주던 엄마는 이제는 제가 깨워야만 기운을 차립니다. 자는 엄마의 어깨가 잘 들썩이는지 한참을 쳐다봅니다. 침대에 누워있는 엄마의 몸이 이불인지 엄마인지 쉽게 구분되지 않습니다. 이쯤 되면 식탁이 지저분해지든, 반찬을 섞어 먹든, 딸꾹질이 나든 말든, 일단 식사만 한다면 만사형통이겠습니다.

"사람은 밥심으로 산다! 아무리 군것질해도 사람은 밥을 먹어야 산다!"
저를 위해 요리 솜씨를 발휘하는 엄마의 삼시 세끼. 수십 년 꼬박꼬박 챙겨 먹었습니다. 가난한 형편에도 똑같은 재료로 여러 가지 반찬 만들었던 엄마입니다. 그리 오랫동안 받아먹었으니, 이제라도 잘하고 싶은데, 뜻대로 되지 않는 제가 답답하고 밉습니다.

음식 못하고, 따뜻한 말도 못 하는 불효녀입니다. 나름 한다고 하는데도 엄마가 말라가니 걱정됩니다. 미안한 마음을 담아 엄마의 밥상에 매일 도전합니다. 뭐라도 좋으니 엄마가 밥을 잘 먹었으면 합니다. 요즘 저의 가장 큰 고민은 '밥'입니다.

3

아이 같은 우리 엄마 안아주기

잘하려 말고 싫어하는 일 하지 않기

 피난길에 올랐지만 춥고 배고파 다시 집으로 돌아가야 했던 엄마의 이야기를 듣습니다. 먹을 것 없어 풀죽으로 끼니를 때우고 쌀밥은커녕 보리밥도 귀해서 못 먹었던 시대 이야기입니다. 폭탄은 여기저기 떨어지고 시체들은 거리에 방치되어 엄마가 죽은 건지, 누가 죽었는지 제정신으로 살지 못했을 시기였습니다. 며칠을 굶었는지도 모르고 고구마 감자마저도 먹지 못했던, 굶는 게 일상인 전쟁통이었습니다. 엄마는 몇십 년도 지난 일들을 어제 있었던 것처럼 생생히 기억하고 있습니다. 마치 그때의 끔찍함을 잊지 않기 위해 반복하는 것처럼, 말하고 또 말합니다. 엄마는 결혼한 지 얼마 되지 않아 한국전쟁에서 남편을 잃었습니다.

 남편 없는 시댁에서 살면서 남편이 언제 돌아올지 몰라 기약 없는 시간을 보냈습니다. 시부모님이 당신들의 아들은 돌아오지 못할 거라며 엄마를 친정으로 돌려보냈습니다. 친정집 역시 가난 탓에 엄마를 책임질 수 없었습니다. 엄마는 얼마 지나지 않아 두 번째로 결혼했습니다. 남편은 도박에 빠져 집에 들어오지 않았습니다. 두 번째 결혼 역시 평탄하지 않은 생활이었습니다.

　엄마는 저의 힘들다는 말을 이해하지 못합니다. 엄마가 보기에 저의 힘듦은 모두 사소합니다. 덕분에 저는 누구보다 강하게 자랄 수 있었습니다. 오갈 곳 없는 저를 만나 가슴으로 품어준 엄마입니다. 47년간 함께 살면서 엄마에게 공감받기란 참 어려운 일이었지요. 착한 딸이라 인정받고 싶었지만 그렇지 못해 저의 인정욕구는 더 커졌습니다. 마음에 내키지 않더라도 엄마가 원하는 일이라면 거역하지 않았습니다. 상업고등학교에 진학하래서 진학했고 살림에 보탬이 되라 해서 취업했지요. 힘들어도 먹고살려면 어쩔 수 없다는 말에 그만두고 싶던 회사를 꾸역꾸역 다녔습니다. 남의 돈 먹기가 그리 쉬운 일인 줄 알았냐며, 다들 그러고 산다는 엄마 말을 그대로 따랐습니다. 데릴사위를 들여야 한다는 노모의 바람은 제 결혼의 기준이 되었고, 그렇게 결혼했습니다. 출근하고 살림하며 아이 키우는 일이 '앞집 여자'도 하는 일반적인 일이라며 저를 몰아세울 때 엄마의 만족은 끝이 없구나 인정했습니다.

　제 인생 49년, 대쪽 같은 엄마에게 강하게 단련되었습니다. '엄마처럼 말하지 말아야지' 하면서도 영락없이 똑같이 상처를 줍니다. 못된 말, 되로 주고 말로 받습니다. 엄마와 저는 고슴도치처럼 가시가 있어 가까이 갈수록 서로에게 더 깊은 상처를 냈습니다. 저는 엄마를 위해 맞추며 살아왔다 하고, 엄마는 저를 위해 희생했다고 합니다. 서로 이기기 위해 안간힘을 쓰고 살았습니다. 그러다 목소리만 남은 엄마를 발견했습니다. 먹지 못해 살 빠지고 뼈만 앙상하게 남은 작은 몸을 보며, 엄마의 나이 반복해 되뇝니다. 엄마는 아흔셋. 목소리 크기로만 따지면 전혀 어울리지 않는 숫자입니다. 이제 엄마에게 남은 건 목소리뿐입니다. 저는 왜 엄마를 이기려고만 했을까요.

11월. 제법 아침저녁으로 쌀쌀합니다. 마른 몸에 추위를 잘 타고 다리에 자주 쥐가 나는 엄마는 진작부터 전기매트를 켰습니다. 아침 기침 소리가 몇 번 들리면 엄마가 일어나는구나 알아차립니다. 작은 몸이 묵직한 이불에 파묻혀 잘 보이지 않습니다. 이불 사이로 엄마의 손가락을 더듬어 당뇨 수치부터 잽니다. 엄마는 질문 대신 저를 쳐다봅니다. 수치 85입니다. 여러 가지 비타민을 물에 타서 엄마 앞에 내려놓습니다.

"엄마, 당이 좀 낮아. 이거 다 마셔야 해."

관심은 말이 아닌 행동입니다. 저는 엄마에게 그렇게 배웠습니다. 날이 더 추워지기 전에 기모 덧버선을 미리 준비해 둡니다. 듣기 싫어도 엄마가 하는 말을 끝까지 들어주는 일, 국 있는 식사와 약을 챙겨 엄마 앞에 놓는 일, 엄마가 좋아하는 간식과 주전부리를 모자라지 않게 채워놓는 일, 무언가 먹고 싶다는 말을 들으면 바로 준비하는 일, 아무것도 먹기 싫다고 할 때 식사 대용으로 마시는 단백질 음료 챙기는 일, 그리고 급할 때 엄마가 저를 찾는 호출 버튼이 잘 작동하는지 확인하는 일 등등 저에게는 모두 엄마를 향한 마음입니다. 그중 제일 힘든 일은 엄마의 말을 끝까지 듣는 일입니다. 44년의 견해차가 도통 조율이 안 될 때는 억울한 마음마저 들기도 합니다.

"집에 여자가 몇 명인데 남자보고 집안일을 하라 하냐."

"남자는 그런 일 하는 거 아니다."

"최 서방 밥 먹을 때 술 한 잔씩 하게 그냥 둬라."

청소해라, 빨래해라, 설거지해라, 살림살이는 왜 자꾸 버리고 사냐, 컵은 왜 수백 개씩 내놓는 거냐, 멀쩡한 옷은 왜 버리냐, 전기 아껴라, 아깝게 음식 버리지 말라 등등

저를 향한 잔소리 듣기 싫습니다. 하나에서부터 열까지 저를 감시하는 기분마저 들었지요. 왜 제 편에는 한 번도 서주지 않고 몰아세우기만 하는지 말해봤자 소용없었습니다. 변하는 것 없이 큰 소리 내면서 싸워봤자 엄마 마음에 상처만 남겼습니다. 구십 평생을 그렇게 살아온 인생, 저의 한마디로 바뀔까요. 모진 말이 비수가 되어 날아가기 전에 일찍 자리를 피하는 것이 어쩌면 엄마를 위한 효도라고 생각합니다. 얼른 방안으로 몸을 숨깁니다.

대차게 싸우며 할 말, 못 할 말, 묶은 옛이야기까지 꺼내서 싸웠다가 엄마가 몸져누웠습니다. 목소리만 컸지, 마음은 의지할 곳이 오직 저밖에 없는 사람이 바로 엄마입니다. 이후로 엄마와 감정싸움을 하지 않기로 했습니다. 엄마마저 없으면 '진짜 고아'가 될 나를 위해, 또 아플 엄마를 위해 결심했습니다.

아무리 지지고 볶아도, 저에게 나쁜 일이 생기면 엄마는 온통 제 걱정뿐입니다. 누구보다 제 일에 관심이 제일 많은 사람, 아흔셋 노모의 강단이 옆에 있는 것만으로도 큰 힘이 됩니다. 아무것도 아닌 일로 다투고 엄마의 거친 표현으로 속상할 때도 많지만, 함께하는 것만으로도 큰 힘이 된다는 건 사실입니다.

이제는 엄마 말이 듣기 싫으면 화두를 돌리거나 다른 일 하는 척 방으로 들어갑니다. 한참 있다 나와서 무슨 일이 있었냐는 듯 아무렇지 않게 말하는 것이 요즘 저의 대응 방식입니다. 대신, 엄마와 대화가 통하고 공감될 때는 말을 끝까지 듣고 추임새도 넣습니다. 그러면 엄마는 더 신나서 이야기합니다. 엄마의 그런 모습이 아이처럼 천진난만해 보일 때 행복을 느낍니다. 이런 소소한 일상이 계속 이어지기를 바라면서 마음속 카메라를 켭니다.

노인을 위한 나라는 없다

우리 가족은 남편과 딸 그리고 아흔셋의 노모와 저, 네 식구입니다. 여유 없는 제 모습을 본 친구는 혼자도 힘든데 결혼하면 더 힘든 세상이라며 결혼하지 않겠다고 했습니다. 혼기가 차도 결혼 생각 없는 친구가 있고 연애만 하고 싶다는 친구도 있습니다. 결혼했어도 아이를 낳지 않겠다는 사람도, 아이 대신 반려동물을 키우는 사람도 여럿이고요. 혼자도 감당하기 힘든 세상에 애를 낳는 건 무책임한 일이라고 인터뷰한 시민의 이야기가 남의 이야기만은 아닐 겁니다. 2021년 통계청 자료에 출산율 0.81%에 달하는 대한민국. 그래서 인구절벽이라는 표현을 써가면서까지 뉴욕타임스 기사가 기재될 만큼 힘든 현실입니다. 그런데 노인 인구는 날이 갈수록 역대 최고로 늘어나고 있습니다.

국가통계포털에 따르면 행정안전부 조사 결과 2023년 6월 기준 전체 인구 중 65세 이상 노인이 전국의 18.5%를 차지합니다. 인구 5명 중 1명이 노인입니다. 그나마, 노인 인구 중 20.8%가 독거노인이다 보니 노인 자살률도 세계 1위입니다. 노인가구는 상대적으로 빈곤하고 사회적으로 고립되기 쉽지요. 우리나라 노인 빈곤율은 2021년 통계청 자료 기준 57.6%입니다. 그중 빈곤한 노인의 자살률은 70세 이상 41.8% 80세 이상은 61.3%로 OECD 국가 중 1위 세계 최고라 합니다. 대한민국의 몇몇 사람을 빼고는 대부분이 힘들게 사는 '살기 힘든 나라'로 손꼽히고 있습니다. 우리나라는 선진국 대비 노인 복지에 대해 상당히 열악한 편입니다.

노인들은 왜 가난할까요? 우리 엄마는 왜 빈 병과 폐지를 주우려 할까요? 국민연금이 88년도부터 도입되긴 했지만 89년도부터 전 국민 대상으로 의무화가 되었다고 합니다. 그 이전 세대일수록 가입 기간이 짧고 연금 수급액이 적었습니다. 대상 기준에 포함되지 않거나 아예 그런 게 있다는 것조차 몰라서 노후를 준비하지 못한 사람도 많습니다. 나이가 많을수록 혜택을 받지 못하고 삶은 더 궁핍해졌습니다. 몸 성한 젊은 이들도 먹고살기 힘들다고 아우성치는 시대에 노인은 오죽할까요?

엄마 나이의 어른들은 노후를 대비하지 않은 채 자식에게 너무 많은 것을 물려주었습니다. 그렇지 않더라도 생활하고 아이를 키우고 살았던 사람들은 모아둔 돈 없이 노인이 되었습니다. 나이 들면 일자리가 없거니와 있더라도 소득이 턱없이 부족한 게 현실입니다.

국민연금연구원에서 2022년에 보고한 '중·고령자의 경제생활 및 노후 준비 실태의 기초분석보고서'에 따르면 노후 생활비로 적정 생활비는 부부 월 277만 원, 개인 177만 3,000원, 최소 생활비 부부 198만 7,000원, 개인 124만 3,000원으로 집계되었습니다.

고령 1인 가구라면 매달 최소 124만 3,000원은 소득이 있어야 기본적인 생계유지가 가능하다고 본 셈입니다. 숨만 쉬어도 백만 원 이상이 들어가는 상황이지요. 이쯤이면 왜 할머니 할아버지들이 폐지를 주우러 다니는지 이해됩니다. 나이 들면 몸마저 성치 못할 일이 많고 만성질환이나 병원비, 약값에 돈 들어갈 일이 많습니다. 치솟는 물가를 따라가지 못해 생활비는 점점 더 불어나는 현실입니다.

이쯤이면 국가에서는 노인을 책임져 줄 수 없다고 봐야 합니다. 현재 노인의 위치가 사회적으로나 경제적으로나 고립됐다고 봐도 무방할 정도입니다. 그나마 자식이 있는 사람은 다행일까요? 자식에게 짐이 되려 하는 부모는 어디에도 없습니다. 엄마는 저를 키우며 물질적 정신적으로 최선을 다했지만, 끝까지 저에게 금전적 피해를 주기 싫어합니다. 죽을 날이 얼마 남지 않았다며 아파도 병원에 가지 않으려는 엄마, 우리 집 이야기만은 아닐 겁니다. 자신의 고통보다 돈이 더 중요하지는 않을 테지만, 자식에게 부담을 주기 싫어하는 부모의 마음이 가엽습니다.

효의 의미가 시간이 지나면서 약해졌습니다. 전문가조차도 부모 편에 서지 못하는 시대입니다. 부모와 갈등이 일어난 경우, 부모는 스스로 선택한 것이 아니니 책임지지 않아도 된다고 하지요. 독립되어 자신이 꾸린 새 가구를 더 중요시합니다. 나의 선택으로 이루어진 새 가정은 나의 가족이고, 부모님이 있는 가족은 원 가족이라 불립니다.

이런 경제의 상태로 제 노후를 맞게 된다면 저는 어떻게 될지 생각해 봅니다. 하나밖에 없는 제 딸이 돈 때문에 저를 멀리하고 자신이 이룬 가정만 챙긴다면 섭섭할 것 같습니다. 병원에 가려 해도 돈 없이 없어 서럽고, 자식에게 부담 주기 싫어 아프기를 선택한다면 차라리 죽는 게 낫다고 생각할지 모르겠습니다. 상상만으로도 불안과 공포가 몰려옵니다.

'틀딱충'이니, 살날이 얼마 남지 않은 분들이니, 어른에게 반말을 서슴지 않는 민폐녀 영상을 보며 세상에 노인을 공경하는 사람이 사라진 것처럼 느껴집니다. 저의 엄마가 밖에서 그런 부당한 대우를 받고 들어왔다면 저는 분에 참지 못할 것 같습니다. 사회 전반적인 이슈들을 보며 저는 굳게 다짐하곤 합니다.

'내 부모는 내가 지켜야 한다!'

흔한 말로 효도는 셀프입니다. 앞으로도 제 인생의 책임도 셀프입니다. 지금 노인들이 겪고 있는 여러 가지 문제들이 앞으로 살아갈 저의 미래 모습이라고 생각하면 그저 두고 볼 수만은 없는 일입니다.

엄마의 사회적인 위치와 건강 그리고 일상의 모습을 보며 저의 미래를 생각합니다. 아프고 불안하고 힘들 미래를 만들지 않기 위해 철저한 준비를 해야겠다고 마음먹습니다.

우리를 대신해 식민지 생활과 전쟁을 겪은 노인들이 있었기에 우리나라가 성장할 수 있었고 평온한 지금을 지낼 수 있는 것입니다. 노인 문제를 그저 남의 일로만 치부하지 말았으면 합니다. 저의 미래를 보듯 지금의 엄마를 아낌없이 지켜내리라 다짐합니다. 엄마가 저를 가슴으로 낳았듯, 저도 엄마를 가슴으로 뜨겁게 끌어안을 것입니다.

언제나 역지사지

딸이 학교에서 노인 체험을 했다며 조잘댑니다. 눈가리개와 모래주머니 조끼, 벨트를 팔과 다리에 부착하고 생활 체험했답니다. 눈이 잘 보이지 않고 조끼 안 모래주머니로 인해 몸이 무거워 가눌 수 없었다고요. 몸을 움직이는 일이 얼마나 불편한지 노인의 관점에서 보니, 힘든 일이 많겠다며 할머니를 걱정했지요. 노인 체험으로 직접 겪어보니 말보다는 더 공감이 잘된다고 했습니다.

"할머니한테 용돈만 뜯어가지 말고 도와드리기나 해!"

말하면서도 엄마 덕을 제일 많이 보는 제가 할 말인가 싶었습니다.

근육이 빠져 뼈가 드러나는 앙상한 몸. 마음대로 움직이지 못하는 엄마의 팔다리를 보면서도 믿어지지 않을 때가 있습니다. 도대체 엄마는 언제부터 몸이 저리도 변하게 되었을까요.

65세가 넘으면 노인이라고 합니다. 혹자는 65세는 노인이라고 하기엔 너무 젊다고도 말하지요. 나이 드는지도 모르게 정신없이 살다 보면, 가랑비에 옷이 젖듯 서서히 몸이 쇠퇴합니다. 시간이 지나면서 근육이 빠지고 몸에 힘이 들어가지 않고 치아가 빠지고, 몸은 급속도로 늙습니다. 40세부터 49세까지 중년, 50세부터 64세가 장년, 그리고 65세부터는 노년으로 봅니다. 제 나이 49세 어느덧 장년을 바라봅니다. 노인이 되려면 많은 시간이 남은 듯하지만 살다 보면 지금껏 그랬듯이 빠르게 지나갈 겁니다. 노후 준비가 되어있지 않아 마음만 급합니다. 노후를 너무 일찍 생각하는 걸까요? 저처럼 자신의 노후가 어떨지 미리 생각하는 사람은 얼마나 될까요.

엄마는 종종 어디가 아픈지도 모르게 아프다고 말합니다. 다리에 힘이 빠져 걷기 힘들고 밥 먹기도 고되다고 말이지요. 힘들다는 엄마의 말이 익숙해져서 엄마의 힘듦이 당연하게 느껴집니다.

"엄마, 나이가 아흔셋인데 아프지 않다는 게 오히려 이상한 거지."

공감은커녕 반대말 합니다. 긴 병에 효자 없다고 매일 아프다고 하니 듣는 저도 힘들 때가 있습니다.

저는 노인이 되려면 앞으로 17년 남았습니다. 그런 제가 엄마의 힘든 상황을 당연하게 여기다니. 제 딸이 노인이 된 저의 어려움을 당연시한다면 과연 제 기분은 어떨까요? 고민에 빠집니다.

"내가 살면 앞으로 얼마나 산다고 치과에서 새 틀니를 하냐?"

엄마는 치아가 하나도 없습니다. 60대 중반부터 틀니를 사용했지요. 치과에 가면 비용이 많이 나온다며 '야매'하는 그녀를 찾았습니다. 나이가 들수록 잇몸이 내려앉아 틀니를 자주 손봐야 했습니다. 80대에도 그곳을 이용해 두 번째 틀니를 맞췄습니다. 그녀는 엄마에게 더없이 친절했고 언제든 요구에 맞춰 불편을 해소해 주었지요. 계속 존재하리라 믿었던 그곳은 언제부터인가 사라져 버렸습니다. 엄마의 잇몸은 주저앉고 틀니가 맞지 않아 식사 마저 못할 지경까지 오고야 말았습니다.

집에서 가까운 치과 두 곳에 연락했습니다. 한 곳은 잇몸이 너무 없으면 틀니를 할 수 없다고 거절했고, 또 다른 곳은 해보겠다고 했지요. 돈 쓰는 걸 극도로 싫어하는 노모의 마음이 편해지기를 바라서, 치료 전에 미리 결재했습니다. 엄마는 치료를 시작했고 새로운 틀니를 하게 되었지요.

문제가 생겼습니다. 치과에서 맞춘 틀니는 엄마 마음에 들지 않았습니다. 의사가 야매보다 못 한다며 불평했지요. 틀니가 잇몸에 제대로 맞지 않아 몇 날 며칠을 고치러 다녔습니다. 그러나 곧 포기해 버리고 말았습니다. 엄마는 제가 틀니 대금을 치료 전에 지급했기에 치과에서 적극적인 치료를 해주지 않는 것이라 했습니다. 치과에서는 틀니가 잇몸과 적응할 시간이 필요하다고 했습니다. 엄마가 쉽게 이해하도록 설명했지만, 돈 아깝다며 마음에 들지 않는다고 합니다.

노인이 되면 대부분 만성질환 몇 개는 가지고 삽니다. 그 만성질환이 더 나빠질 수도, 합병증을 불러올 수도 있지요. 엄마는 최근 안과에서 백내장 수술받았습니다.

한쪽 눈의 렌즈 가격은 200만 원. 두 개 합쳐 400만 원이라 했습니다. 엄마도 하지 않겠다고 했지만, 병원에서도 렌즈삽입을 적극적으로 권하지 않았습니다. 하루를 살아도 건강하게 살라 했는데, 저 역시 경제적인 이유로 엄마의 수술을 부추기지 않았지요. 보험이 적용되는 백내장 수

술만 했습니다. 마음과는 다르게 현실적인 여건이 발목을 잡습니다. 마음이 불편합니다.

"이 나이에는 할 수 있는 게 없어요. 이대로 지낼 수밖에. 제 말 무슨 뜻인지 아시죠?"

엄마의 신장이 좋지 않다고 동네 의원에서 대형 병원 진료의뢰서를 써 주었습니다. 걱정되는 마음에 엄마와 함께 대학병원에 방문해 CT를 찍었습니다. 오래 대기하고 의사를 만났지요. 의사는 나이가 많아서 할 수 있는 일이 없으니 두고 보자 했습니다. 저는 그 말이 어찌나 서운했는지 모릅니다. 전문가가, 그것도 인도주의적으로 생각해야 할 의사가 그리 말하니 불량해 보이기 짝이 없었습니다. 1분도 되지 않는 진료. 이렇게 허망한 말을 들으려 큰돈 들여 사진 찍고 시간을 투자했나 싶어 화가 났습니다.

노인이라서 눈이 안 보이는 게 당연하고, 이가 없이 지내는 게 당연하고, 아픈 몸을 치료하지 못하고 견디는 것이 당연하고. 나이 들면 그런 것을 당연하게 감내해야만 하는 일일까요?

젊은 저도 몸이 자주 아프니 우울하고 힘들고 짜증 나고 미칠 것만 같습니다. 공황장애가 널리 알려지기 전이라 원인을 찾지 못해 몇 년 동안 병원을 전전하며 고생했지요. CT, MRI 온갖 검사비와 치료비는 많은 돈이 들었고 결과는 미처 알아내지 못했습니다. 경제활동도 제대로 하지 못했고 심리적인 부담감 때문에 우울증까지 생겼습니다. 몸과 마음이 하나이기에, 몸 아파 마음마저 상했습니다. 노인 우울증이 급격히 증가하는 이유도 그러하지 않나 추측해 봅니다.

　나이 들어 아픈 것이 당연하다는 생각. 그 생각이 타인의 행동으로 나타날 때 표현조차 할 수 없는 배신감마저 들었습니다. 특히 전문 의료 지식을 가지고 있는 의사가, 모르겠다고 포기하자는 것처럼 무책임한 일이 있을까요? 절망감이 들었습니다.

　나이와 관계없이 건강을 지키는 일은 삶에서 가장 기본적인 일입니다. 그런데도 노인이라는 이유로 적극적인 치료가 이루어지지 않는다면 남아있는 삶의 질이 크게 나빠질 겁니다. 노인에 대한 맞춤 치료법이 좀 더 개발되었으면 하는 바람이 큽니다.

　저 역시 한해 한해 나이 먹습니다. 동년배인 회사 동료나 친구들이 하는 말이 있지요. 나이 먹는 것도 서러운데, 사람들이 마음을 몰라줘서 섭섭하다고. 직접 겪어보지 않으면 모릅니다. 남들이 나의 어려움을 공감하지 못하고 그로 인해 무엇을 시도조차 할 수 없다면 얼마나 절망적일까요.

　엄마는 저의 미래입니다. 제 눈으로 보는 엄마의 어려움은 아주 작은 일부분일 겁니다. 노인을 대하는 자세를 우리 미래를 준비하듯이 바로 고쳐야 합니다.

　나의 노후를 어떻게 지낼 것인지 무엇을 준비해야 하는지 엄마를 통해 미래를 훔쳐봅니다. 노인이 된 엄마를 외면하지 말고 끝까지 어떻게든 도와야 한다고 스스로 다그칩니다.

영원한 나의 엄마

두 돌 지나 엄마를 만났지요. 갈 곳 없는 저를 엄마는 오롯이 가슴으로 품어주었습니다. 그때 그녀의 나이는 47세. 지금의 제 나이보다도 두 살이나 어립니다. 두 번의 결혼은 실패했고 아이는 없었습니다. 밥을 저울에 재서 먹일 정도로 아이에 대해 잘 몰랐습니다. 다리가 심하게 휜 저는 넘어지기를 반복했고 그때마다 엄마는 옷을 새로 갈아입혔습니다. 리본이 달린 흰색 챙모자, 레이스 달린 하얀 원피스와 빨간 구두는 엄마가 저를 어떤 마음으로 키우려 했는지 충분히 알만한 증거들입니다. 사진 속에 어린 저는 집안 형편과는 다른 과분함을 몸에 두르고 있었습니다. 제가 엄마를 만났을 때, 반찬과 국을 전혀 먹지 않았다고 했습니다. 물 말은 밥에 간장만 찍어 먹었다고요. 못 먹어서 다리가 휜 게 아니냐며 가슴 아팠다고 했습니다. 그래서 사골국이며 원기소며 몸에 좋다는 것은 모두, 저의 차지가 되었습니다. 과분한 사랑이었습니다.

초등학교 입학식. 학교에서 제일 키가 작은 저는 1번을 차지했습니다. 작아도 너무 작다고 생각한 엄마는 6년 내내 우유 급식을 신청해 주었습니다. 당시는 우유는 무료가 아니었습니다. 없는 형편에 등록금과 우유 대금, 준비물 등 저를 키우기 위한 돈은 끊임없이 들어갔습니다. 엄마의 바람대로 3학년부터 키가 조금씩 크기 시작하더니 6학년 때 9번이 되는 기적을 만들었습니다. '난쟁이 똥자루'라고 놀리던 엄마는 더 이상 저를 놀리지 않았습니다.

중학교 때 사춘기를 심하게 겪었습니다. 친한 친구와 집이 가난하다는 이유로 많은 친구 앞에서 다툰 날이었습니다. 너무 창피한 나머지 세상에서 사라지고 싶었습니다. 저에 대해 잘 아는 친구고 마음을 나눈 사이였기에 더 큰 상처로 남았습니다. 들쭉날쭉한 저의 감정을 조절할 수 없었습니다.

"거지같이 사는 거 지겨워. 왜 날 키웠어? 차라리 부잣집으로 보내주지!"

물에 빠진 사람 건져주면 보따리부터 찾는다더니 저를 두고 한 말입니다. 말하면서도 크게 혼날 거라고 예상했던 것과 다르게 엄마는 아무런 말도 하지 않았습니다.

어려운 형편에 상업고등학교에 진학했습니다. 2학년부터 취업 준비했는데 호적이 말소되어 재판해야만 했습니다. 없는 살림에 재판이라니. 엄마는 저를 위해 돈 빌리러 다녔습니다. 재판 후, 엄마의 호적에 제가 올라갔습니다. 함께한 15년. 법적으로 온전한 엄마의 딸이 되었고 엄마와 같은 성을 따라 쓰게 되었습니다. 저는 또 다른 새로운 인생을 시작했습니다.

저는 취업했고 엄마는 집안 살림을 맡았습니다. 취업하고 2년 넘게 일하다 대학에 진학했습니다. 반대하리라 생각했던 엄마는 등록금을 척척 내주었습니다. 평생 저만 뒷바라지하느라 고생했습니다. 결혼하고도 엄마와 함께 삽니다. 밥하고 설거지하고 청소하고 빨래하는 일은 얼마 전까지도 대부분 엄마의 일 이었습니다. 사위와 손녀딸까지 그 작은 등으로 이고 지고 버텼지요. 4년 전, 교통사고로 몸져눕기 전까지는 살림이 엄마의 일이라고 당연하게 생각하며 살았습니다. 엄마는 몸이 자유롭지 않게 돼서야 그 짐을 내려놓게 되었지요.

아흔셋. 엄마의 인생은 아직도 저를 향한 시계 초침처럼 바쁘게 움직입니다. 저의 출퇴근을 챙기려 하고 제가 조금이라도 아프다면 당신의 안위보다 저를 더 걱정합니다. 엄마의 걱정이 간섭으로 느껴져 싸운 적이 많았습니다. 오로지 저밖에 없는 엄마의 관심에 숨 막혔습니다. 엄마의 온 신경이 저의 사소한 일거수일투족으로 향해서 답답했습니다. 퇴근하고 한 시간 안에 도착하지 않으면 전화가 울립니다. 회사에서 회식이라도 할라치면 일주일 전부터 허락받아야 했고요, 그나마 9시 전에는 돌아가야만 했습니다. 투박한 엄마의 말투가 저를 옭아매는 밧줄처럼 느껴졌지요. 당장 눈앞에 보이고 느껴지는 감정에만 치중해서 엄마와 자주 다퉜습니다. 그런 엄마가 귀찮고 짜증났습니다.

화났을 때 엄마가 하는 말에 큰 상처를 받았습니다.

"머리 검은 짐승은 거두는 게 아니다."
"머리카락으로 짚신을 지어서 나에게 줘도 그 은공은 다 못 갚는다."
"너는 나 아니었으면 벌써 죽고 세상에 없었을 거다."

엄마는 저에게 무엇을 기대했을까요. 엄마 말대로 심심해 말벗하려고 키웠을까요, 아니면 노후를 준비하려 키웠을까요. 어떤 기대와 보상을 생각하며 저를 키웠기에 저렇게 상처 주는 말을 할까요. 엄마의 말에 속상해서 죽고 싶다는 생각도 여러 번 했었습니다. 그러나, 막상 엄마가 저를 가슴으로 키우기 시작한 나이가 되고 보니, 그런 못된 추측은 모두 부질없었습니다. 제가 엄마라면 어떤 이유로든 절대 엄마 같은 선택을 하지 않았을 테니까요.

엄마의 악착같던 말투는 돌아보니 목소리만 남아서 그랬나 봅니다. 점점 마르고 작아지는 힘없는 엄마는 당신의 살아있음을 큰 소리로 증명해야 했을 겁니다. 약해진 엄마가 그만큼 제가 필요하다고 외치고 있었는지도 모를 일입니다.

이제는 오히려 작아지는 엄마의 목소리가 남은 시간과 비례하는 것 같아서 불안하기만 합니다. 저에게 관심이 적어진 것도, 잠시도 쉬지 않았던 엄마가 누워있는 시간이 길어진 것도, 저에게 아무런 간섭하지 않는 엄마가 위태롭게만 느껴집니다. 저를 옭아매도 좋고 그로 인해 스트레스받아도 좋으니, 큰 목소리로 계속 이야기하기를 바랍니다. 가끔은 매정하다 못해 송곳 같던 엄마의 잔소리가 그리워지기도 합니다.

세상에 하나뿐인 나의 엄마. 일상에서 크고 작게 부딪히며 살아가겠지만, 또 그것이 살아있다는 증거가 아닌가 생각해 봅니다. 엄마가 준 사랑만큼 보답하지 못해 미안합니다. 저는 그릇이 작은 사람입니다. 제가 엄마에게 너무도 못된 딸이었다고 가슴 치며 통곡하지 않기를, 그런 회한 남지 않을 만큼 제 곁에 오래 남아주기를 간절히 기도합니다.

딸이라도 불편한 일

일상의 소중함은 어려움이 닥치고야 알게 된다고 했던가요. 출근하다가 엄마의 전화를 받았습니다. 처음 듣는 남자의 목소리, 경찰이랍니다. 엄마가 버스와 교통사고가 나서 119에 실려 병원으로 간다고 했습니다. 뇌가 정지한 것처럼 아무 생각을 할 수 없었습니다. 경찰은 엄마의 목소리를 들려주었습니다. 목소리를 들으니 그나마 안심이 되었습니다. 사거리를 지나는 버스가 엄마를 보지 못하고 우회전하는 바람에 엄마는 크게 허리를 다쳐 시술해야 했지만, 그만하길 천만다행이었습니다.

대학병원에 10일 넘게 입원했습니다. 허리를 움직일 수 없어 거동하지 못했지요. 병동 간호사는 소변줄을 끼고 대변은 기저귀를 사용하라 했습니다. 꼼짝 못 하게 허리를 다쳤으니 당연한 일이었지요. 소변은 소변 주머니로 자연스럽게 흘러 괜찮았습니다. 그러나 대변이 문제였지요. 허리 시술받고 회복하는 동안 엄마는 딸인 저에게도 당신의 흉한 모습 보이고 싶지 않다며 식사를 제대로 하지 않았습니다. 빨리 회복하려면 잘 먹어야 하는데 대변보는 일이 무서워서 밥을 적게 먹다니. 딸이어도 그렇게 불편할까요. 속상했습니다.

    재활을 위해 대학병원에서 요양병원으로 옮겨갔습니다. 한 달간 있었던 요양병원에는 간병인이 있어서인지 편하게 지내셨습니다. 부축받아 화장실에 갈 정도가 되었고 혹시 모를 일에 기저귀 사용도 잘했습니다. 딸인 저보다 간병인이 더 편한지 적응도 잘하고 식사도 잘했습니다. 뭔가 한편으로 섭섭한 마음이 들었지만, 엄마의 자존심이라 생각하니 조금은 이해되었습니다.

    교통사고 이후로 엄마의 건강이 부쩍 나빠졌습니다. 나이가 있으니 아픈 일이 일상이었지만 사고 전과 비교했을 때는 상당한 차이가 납니다. 바지런한 성격상 누워있지 못하고 계속 움직였는데 혼자서 거동이 힘드니 몸 상태가 크게 나빠졌습니다. 혈압, 당뇨 수치가 올라갔고 상태가 좋지 않아 식사하지 못했습니다. 먹지 못해 살은 계속 빠지고 근육이 줄어드니 기운은 더 떨어지고 움직임이 둔해졌습니다. 엄마는 화장실을 자주 가는 편인데 자다가 밤에 움직이는 일이 힘들어졌습니다. 의료용 변기를 침대 바로 옆에 준비했습니다. 엄마는 죽을 날이 가까이 오니 소변도 맘대로 조절이 안 된다고 짜증 냅니다. 기저귀를 넉넉하게 준비했지만, 아깝다며 잘 사용하지 않으려 합니다.

    엄마가 기상해서 제일 먼저 하는 일은 소변 통 비우기입니다. 자고 일어나서 힘없는 엄마가 넘어질까, 걱정되어 제가 하겠다고 해도 말을 듣지 않습니다. 당신 손으로 해야 한다는 의지를 꺾을 수 없지요. 아무리 딸이라도 불편한 일은 있다고 이해하려 합니다.

엄마 발이 퉁퉁 부었던 날 있었습니다. 발이 부어 헛디뎌 넘어지려 해도 병원엔 가지 않겠다고 합니다. 얼마나 더 오래 살겠다고 큰돈 들여 병원에 가냐며 죽기밖에 더하겠냐 가슴 아픈 말을 합니다.

"엄마가 지금 하는 그 소리가 나한테는 가슴에 대못 박히는 일이야!"

평생 당신에게 들어가는 돈은 아까워합니다. 가난했을 때, 아끼느라 야쿠르트 100원짜리 한 개 마음 놓고 사 먹지 못했다는 이야기를 백번도 넘게 들었습니다. 저를 위해 못 먹고, 못 쓰고 저만 보고 살았다고요. 그만큼 뒷바라지했으면 이제는 당신을 위해서 쓸법한데 자식에게 폐 끼치기 싫다며 병원 가는 것마저 거부하는 엄마가 답답합니다.

아흔셋의 나이에 밥하고 반찬 장만하는 사람이 몇 명이나 될까요. 텔레비전에 쌩쌩한 백 세 할머니가 나오면 엄마 방으로 달려가 같은 채널로 틀어 보여줍니다. 밭매고 밥하고 잘 먹고 운동도 하는 할머니가 화면에서 웃고 있습니다. 엄마도 할 수 있다고 말합니다. 활기찬 백 세 할머니의 모습, 말보다 직접 보여줍니다. 엄마는 아파서 글렀다며 앞으로 얼마나 더 살아갈지 모르겠다는 약한 말 합니다. 세상에서 제일 억척스럽다고 생각한 엄마가 그런 말을 할 때는, 속상하고 미안한 마음에 눈가에서부터 신호가 옵니다. 무슨 말을 해야 할지 몰라서 고개를 돌려 버립니다.

엄마가 목숨처럼 붙들고 있던 주방 일을 스스럼없이 제게 내어주었습니다. 제가 결혼하고도 안살림은 모두 엄마 몫이었지요. 당신이 끝까지 '안주인'이고 싶었던 마음을 잘 압니다. 주방에서의 제 권한은 컵 하나 내놓는 일도, 프라이팬 하나 사는 것도, 엄마의 허락을 받거나 잔소리를 들어야 하는 일이었습니다. 그런 엄마가 오이소박이, 깍두기, 김치 담그는 법을 알려줍니다. 앞으로 엄마가 없으면 스스로 해 먹어야 한다며 엄마 없을 시간 준비합니다. 사 먹으면 될 것 같지만 먹던 맛이 나지 않을 거라고 배우라 합니다.

힘이 없어 아무것도 못 하겠다며, 요리하고 싶어도 할 수 없다고 합니다. 이젠 당신이 쓸모없는 사람이라 말합니다. 금방이라도 어디 멀리 가버릴 사람처럼 자꾸 약한 말을 하는 엄마가 야속합니다.

'엄마가 있는 자체로 나한테는 엄청난 큰 힘이야.'

차마 입 밖으로 꺼내지 못하는 저는, 영락없이 엄마를 닮았습니다.

두 둘 지나 엄마를 만나, 이틀 이상 떨어져 지내본 적 없습니다. 엄마 없는 제 인생은 생각할 수조차 없습니다. 약해진 엄마가 불안한 저를 더 불안하게 만듭니다. 저에게 온전하게 마음 편히 기댈 수 있으면 좋을 텐데, 엄마가 기댈 수 있는 사람이 아니라서 한없이 미안합니다.

오갈 곳 없는 저를 가슴으로 낳아준 엄마처럼, 이젠 제가 엄마의 진짜 보호자가 되고 싶습니다. 편안한 말년을 지낼 수 있도록 엄마를 힘껏 안아보려 합니다.

아무리 가까운 가족이라도 불편한 일은 있기 마련입니다. 특히 자식에게는 약한 모습을 더 보이기 싫습니다. 자식은 부모가 책임져야 하는 존재이고 그래서 더 연약한 모습 보이고 싶지 않겠지요. 그런 채로 오랜 시간을 보냈으니, 저에게 그런 모습을 보이는 게 부담스러운 것은 당연할지 모릅니다. 자식을 두게 되니 엄마의 마음을 좀 더 헤아려 볼 수 있게 되었습니다. 엄마가 굳이 말로 하기 전에 모든 것을 미리 알아챌 수 있다면 얼마나 좋을까 생각해 봅니다.

　기상하면 혈당측정기를 들고 엄마 방으로 갑니다. 이불에 쌓인 몸이 작아 이불과 엄마를 구분하기 힘듭니다. 숨을 쉬는 건지 아닌 건지, 한눈에 알 수 없어 가까이 다가가 숨소리를 듣습니다. 아기 같은 엄마. 갑자기 추워진 날씨처럼 마음이 시립니다. 마음만은 썰렁하지 않게 살갑게 대하는 따뜻한 딸이 되고 싶습니다. 엄마가 저에게 편히 기댈 수 있도록 엄마 마음을 더 연구하고 공부해야겠습니다.

복지제도 이용하기

엄마는 교통사고 이후로 거동이 현저히 불편해졌습니다. 저는 일터로 나가야 하는 상황이어서 엄마를 돌볼 수가 없었지요. 병원에서 노인장기요양보험 제도가 있다는 것을 안내해 주었습니다. 고령이나 노인성 질병에 따라 거동이 불편한 사람에 대하여 신체 활동이나 가사 활동을 지속해서 지원하는 국가적 서비스입니다. 가족의 부담으로만 인식되던 장기 요양이 개인의 책임으로만 국한되지 않고 사회적으로 함께 책임져 주니 부담이 덜합니다.

만 65세 이상의 노인 또는 65세 미만자로 치매·뇌혈관성 질환 등 노인성 질병이 있는 자 중, 6개월 이상 혼자서 일상생활을 수행하기 어렵다고 인정되는 자를 대상자로 합니다. 노인장기요양보험은 국민건강보험공단에서 관리하고 운영됩니다. 공단에 장기 요양 인정신청을 하면 공단 직원이 방문하여 조사하고 등급을 판정하지요. 엄마는 나이가 많고 거동이 불편해서 4급 판정받았습니다. 급수에 따라 보호의 시간이 달라집니다. 국민건강보험 지원받지만, 일부 금액은 가정에서 부담합니다.

요양 보호의 종류는 두 가지가 있습니다. 첫째, 집으로 요양보호사가 방문하는 재가 급여. 둘째, 재가 센터를 이용하는 시설급여가 있지요. 집에서 가까운 재가 센터를 검색하면 여러 곳이 나오는데 그 중, 한 곳을 채택해서 가보았습니다. 구립이라서 더 믿음이 갔습니다. 시설이 깔끔하고 노인들이 많아 친구 사귀기에도 좋아 보였지요. 촘촘히 짜진 시간 관리에 지루할 틈이 없어 보였습니다. 어린이집처럼 시간표가 있어 체계적인 관리를 하고 있었지요. 구연동화 듣기, 그림 그리기, 만들기 시간 등 여러 가지 활동을 할 수 있었습니다. 점심, 간식, 저녁 식사가 제공되고 영양사가 상주하고 있어 제대로 엄마의 식사를 챙기지 못하는 저로서는 최고의 선택이라 생각했습니다. 정해진 시간에 약을 먹는 일이나 건강 상태를 정기적으로 점검할 수 있어서 걱정할 일이 줄어 들었습니다. 센터의 담당자가 차량으로 엄마를 데리고 오갔습니다. 저는 엄마에게 신경 쓸 일이 줄어들어 큰 도움을 받았습니다. 한 달 정도 이용했을 때, 엄마는 더는 센터에 가고 싶지 않다고 했지요.

집이 감옥 같다고 말하던 엄마였습니다. 센터를 거부하는 이유가 궁금했습니다. 엄마는 한동안 말을 하지 않다가 자기 전에야 말했습니다. 아픈 노인들만 모여있는 게 싫다고. 치매 어른과 거동이 불편한 사람들만 모여있으니 같이 아파지는 느낌이라고 했습니다. 그나마 몇몇 대화가 되는 노인들은 새로 들어온 엄마를 불편하게 생각했다고 합니다. 엄마는 평소에도 '요양원'에 간다는 것을 극도로 싫어했습니다. 가족에게 버려진다고 생각했지요. 아침에 갔다가 저녁에 오는 시스템이 그렇게까지 느껴질 리가 없다고 안심했는데 제 생각만 그랬나 봅니다.

엄마 뜻에 따라 집에서 하는 재가 급여로 변경했습니다. 엄마는 4급으로 하루 3시간 요양보호사가 집으로 옵니다. 엄마의 방 청소와 병원 오가기, 말동무와 엄마를 위한 식사 준비, 오직 엄마를 위해서만 일합니다. 엄마는 다른 사람보다 좀 더 예민하고 외부 사람을 불편하게 생각하기에 첫 시작은 요양 보호 자격이 있는 친한 아주머니에게 부탁했습니다. 아는 사람이 집으로 매일 오니 엄마도 기운이 넘쳤지요. 이야기도 하고 매일 같이 즐거우니 건강도 전보다 좋아졌습니다. 요양보호사를 통해 '목욕 서비스 버스'가 있다는 걸 알았지만, 지역구마다 다르게 운영되었고 제가 사는 곳에서는 이용하기 힘들다는 대답을 들었습니다. 또한, 매년 복지 공구를 신청할 수 있는데 미끄럼방지 양말, 기저귀 속옷, 지팡이, 안전 손잡이 등을 신청할 수 있었습니다. 그 외에 다른 복지제도가 있는지 주민센터에 연락해 안내 책자도 받아보았지요. 알지 못했던 혜택들이 있었으나 해당하지 않는 것도 있었습니다. 법이 계속 바뀌며 노인 복지제도가 좋아지고 있으니 한 번씩 주민센터에 방문하거나 문의를 해보는 것도 좋을 듯합니다.

엄마의 교통사고가 있었던 해에 엎친 데 덮친 격으로 잠시 일을 쉬게 되었습니다. 남편의 일용직 외벌이만으로 네 식구 먹고살기가 빠듯했지요. 혹시 어떤 도움이라도 받을 수 있을까 싶어서 주민센터를 찾아갔습니다. 전에 인정되지 않았던 기초생활 보장 선정 기준이 대폭 완화되어 엄마가 기초생활 보장 수급자로 인정받게 되었습니다. 자녀가 일하지 못한 상황에 부양 부담을 덜게 되어 심리적으로도 큰 도움을 주는 제도였지요. 그중 가장 좋았던 것은 엄마의 의료비용을 지원받은 일입니다. 자식에게 폐를 끼친다며 돈 때문에 가지 않으려던 병원에 엄마가 부담 없이 오가게 되었습니다. 그것만으로도 얼마나 마음이 홀가분한지 모릅니다. 큰 금액은 아니지만 '에너지 바우처' 신청으로 전기요금과 수도 요금, 가스요금을 감면받는 혜택도 누리게 되었습니다. 집으로 오는 요양 보호에 대한 일부의 수수료도 전부 지원받았습니다. 통장님이 쓰레기봉투를 가져다주기도 하고 쌀 10kg이 문 앞으로 배송되기도 합니다. 힘든 상황에서 여러 가지 지원받을 수 있어서 얼마나 든든했는지 모릅니다.

자녀가 부모를 부양할 능력이 없어서 노인 대상의 학대나 범죄가 뉴스에 나오는 일이 간혹 있었는데, 이런 제도를 이용하면 그런 일들이 현저히 줄어들지 않을까 생각했습니다. 아직 우리나라는 선진국과 비교하면 복지국가라고 자신할 수 없는 위치이지만, 점점 더 좋아질 거라 기대가 됩니다. 노인 자살률이 세계 1위일 만큼 심각하지만, 복지제도를 좀 더 확장한다면 개선될 겁니다.

지난날, 노인 부양의 책임을 가족에게만 떠넘겼다면, 현재는 가족과 정부 그리고 사회 공동체로 책임을 지려 노력하고 있습니다. 노인 부양이나 가정 내 어려움이 있다면 주저하지 말고 주민센터나 건강보험공단에 문의해 보세요. 생각보다 많은 도움받을 수 있는 제도들이 있습니다. 적극적으로 복지제도에 대하여 알아보고 활용하기를 추천합니다. 복지제도는 노인에게도, 부양하는 가족들에게도 위기 상황에서 큰 힘이 될 것입니다.

오래 살고 싶다는 말

엄마 혼자 집에 있는 시간이 길어지면서 딸인 저보다 텔레비전이 효도를 더 많이 합니다. 끝장 드라마를 보고 흥분하기도 하고, 예능 프로그램을 보고 요즘 사람들 사는 모습도 보지요. 식사 시간에 '텔레비전에 나온 연예인들이 어떻게 살더라' 이야기도 합니다. 요즘 세상 너무 좋아졌다며 이렇게 좋은 세상이라면 좀 더 살고 싶다고 말하는 엄마입니다.

식민지와 전쟁을 겪으며 배고파 허덕이던 그때와 지금은 확연히 다릅니다. 엄마는 쌀이 남아돌아 폐기한다는 뉴스를 보고는 피죽도 못 끓여 먹을 때가 있었다며 배고픈 시절을 떠올렸지요. 고구마와 감자도 귀해 피죽(볏과의 한해살이풀)을 끓여서 그 물을 마셨다고 했습니다. 피죽마저 없어서 뱃가죽이 등에 붙었었다며 힘들었던 지난 시간 이야기를 반복합니다. 배고픈 한이 얼마나 쌓였길래 그때 이야기를 반복하는지 저는 짐작만 할 뿐, 그 깊이를 알 길이 없습니다.

노령연금이 생겨 은행에서 돈을 인출 했을 때도 '세상 참 좋아졌다'라는 말을 반복했습니다. 자식이 없어도 나라에서 지원해주니 얼마나 살기 좋냐고 말입니다. 엄마의 말속에서 세상에 혼자 남겨질 당신을 걱정했던 흔적이 보입니다. 엄마의 주관이 뚜렷하고 거친 말투를 쓰게 된 건 어쩌면 혼자서 헤쳐나가야 할 날들이 걱정되어 그것들로 무장했는지 모를 일입니다.

"몸이 아파 죽겠는데 죽지도 않고 어떻게 해야 하냐."

세상에는 대표 3대 거짓말이 있다지요. 처녀가 시집 안 간다는 말, 장사하는 사람이 이익 안 남는다는 말, 그리고 노인이 빨리 죽어야지 한다는 말.

속상한 날에는 "빨리 죽어야지"라는 말을, 기분이 좋거나 몸 상태가 좋을 때는 "오래 살고 볼 일이다"라는 엄마의 상반된 말을 들었습니다.

"엄마, 개똥밭에 굴러도 이승이 낫다고 하잖아!"

저는 어떻든지 오랫동안 옆에 있어 달라며 엄마가 있는 것과 없는 것은 천지 차이라 말했지요.

"하늘에서 오라면 가야지, 별수 있냐? 아픈 것보다 죽는 게 나은데, 왜 죽지도 않고 이렇게 오래 사는지 모르겠다! 빨리 죽어야 하는데!"

상상도 하기 싫은 일을 엄마는 서슴없이 말합니다. 엄마가 죽는 꿈만 꾸어도 눈물이 줄줄 흐르고 온종일 힘 빠지는 저입니다. 제 인생 49년, 두 돌 때 만나서 지금껏 떨어져 지낸 적 없습니다. 저는 결혼도 하고 아이도 낳았지만, 아직 엄마에게서 독립하지 못했습니다. 엄마 없는 삶은 상상도 하기도 싫습니다.

'만약 엄마가 없는 날이 온다면?'

한집안에서 몇 걸음만 걸어도 엄마를 만날 수 있고, 매일 사소한 일로 다투고 싸우고 삐집니다. 별거 아닌 일에 고성이 오가고, 제 약점 드러내는 일도 엄마 앞에선 거리낌 없이 편하게 말할 수 있습니다. 보고 싶으면 보고 싶단 말 대신 엄마 방에 가서 텔레비전을 함께 보고, 엄마가 좋아하는 홍시를 사다 냉장고에 쟁여놓습니다. 엄마 딸이라 그렇습니다. 저 역시 엄마의 방식으로 보고 싶다, 사랑한다, 나름의 행동으로 표현합니다. 말로 하려면 목구멍이 꽉 막혀버립니다. 뭐 대단한 말 하는 것도 아닌데, 사랑한다는 말 한마디 하지 못합니다. 생각만으로도 괜히 낯간지럽고 부끄럽습니다. 쑥스럽고 어색합니다.

한 식구라고 해도 남편이나 자식이 채워줄 수 없는 일 많습니다. 사랑은 내리사랑이라고 저의 온 걱정은 엄마가 짊어집니다. 제 마음 편해지자고 엄마의 마음을 불편하게 만든 적 한두 번이 아닙니다.

알게 모르게 사랑으로 채워지는 서로의 일상이 사라진다면, 저는 지금보다도 더 아프지 않을까 짐작합니다. 저의 삶이 송두리째 바뀌지 않을까, 두려움이 앞섭니다.

자주 하는 말은 아니지만, 엄마의 오래 살고 싶다는 말을 계속 듣고 싶습니다. 아파서 빨리 죽었으면 좋겠다는 말보다는 몇천 배 이상 훨씬 기분 좋습니다. 매일 반복되는 엄마의 불평과 투정, 평생의 고집이 굳어져 제 말을 들어주지 않는 엄마의 잔소리가 다소 힘겹게 느껴지는 날 당연히 있습니다. 그래도 제 곁엔 늘 엄마가 있어야 합니다.

세상에 덩그러니 버려진 저를 오직 한 사람. 엄마만이 저를 받아주었습니다. 엄마를 만나지 못했다면 지금 어떤 모습으로 살아가고 있을지

감히 상상도 못 하겠습니다. 엄마는 온 세상이고 우주이며 저의 삶입니다. 어쩌면 지금 제가 존재하는 이유일 테지요. 모든 자식이 그렇겠지만, 저는 엄마가 없으면 안 되는 사람입니다. 엄마가 있어야 합니다.

"어디가 아픈지도 모르게 온몸이 아파 죽겠다. 죽을 날이 가까워서 그런가, 몸뚱이가 안 아픈 곳이 없어!"

엄마는 유독 흐린 날에 더 힘들어합니다. 엄마보다 젊은 저도 몸이 무겁고 상태가 좋지 않은데, 아흔셋의 노모는 오죽할까 싶습니다.

"엄마, 그래도 자꾸 죽겠다 죽겠다 하지 마. 입이 보살이라잖아!"

"죽으면 그만이지 뭐가 무섭다고."

"부모가 있는 것 자체가 자식한테는 얼마나 큰 힘이 되는데, 그런 소리 마!"

마음과 다르게 툭 툭 나가버리는 말투. 우리는 간질거리는 사랑의 대화는 하지 않지만, 마음 이면엔 서로가 아니면 안 되는 이유로 가득합니다.

저는 오늘도 엄마의 오래 살고 싶다는 말을 듣고 싶어서, 부족하지만 엄마를 위해 할 수 있는 일을 더 해보려 노력 중입니다. 더 열심히 싸우고 반항하고 살피고 부족한 것을 배우고 챙기고 살피면서 엄마를 충분히 온몸으로 누리려 합니다. 치. 열. 하. 게.

젊은 내가 참아야지

"내 지갑에서 50만 원 빼갔지? 너 아니면 그럴 사람이 없어! 어디 쓸려고 훔쳐 갔어?"

"빼갔으면 가져갔다고 말해야지. 양심이 그렇게 없어? 인정할 건 해야지!"

격양된 목소리가 집안에 쩌렁쩌렁 울립니다. 일어나자마자 돈이 사라졌다고 난리가 났습니다. 평소 누구보다 기억 좋고, 말도 분명하고, 좋고 싫음이 명확한 엄마입니다. 다만 말을 머리로 거르지 않고 생각나는 대로 말하는 게 흠이라면 흠입니다.

한 달 전쯤, 엄마는 저를 불렀습니다.

"내가 백만 원 여기 서랍 안에 봉투에 넣어 놨으니까, 만약 내가 숨지거든 내 손에 봉투를 꼭 쥐여줘. 죽으면 저승에서도 노잣돈이 필요하다니까 꼭 그렇게 쥐여 줘야 해!"

신신당부하던 엄마였지요. 사후세계까지 생각하는 엄마가 유난스럽다고 생각했습니다. 영정사진, 수의, 가묘까지 모두 당신의 손으로 만들어 두었습니다. 딸인 저를 믿지 못하는, 아니 남을 믿지 못하는 엄마의 성격이 한몫한 것이지요. 서운하다가도 엄마 성격이 원래 그러니 이해할 수밖에 없다고 결론을 내립니다. 죽음이 걱정되는 건지, 생각이 많아서인지 모르겠지만 '죽음에 대한 두려움'이 큰 것만은 확실한 듯해서 이해하기로 했습니다.

그 후, 돈 이야기는 처음이었습니다. 돈의 행방을 전혀 알 수 없었던 저는 너무 억울했습니다.

저는 회계직에 종사합니다. 돈 관리에 유독 민감하고 예민합니다. 1원이 틀려도 왜 틀렸는지 꼭 찾아내서 정확히 맞추어야 직성이 풀립니다. 고등학교 졸업 전인 19살부터 돈을 만지는 직업에 종사하다 보니, 회사 내에서도 색안경을 끼고 보는 이들이 많았습니다. 누가 돈을 횡령했다느니, 뒷돈을 받았다느니 이런 소리 들으면 견디기 힘들었습니다. 뉴스에서 간간이 나오는 큰 금액의 횡령 사건은, 생각보다 현실에서는 일어나기 힘든 일입니다. 최근 국민건강보험에서 일어난 46억 횡령 사건 또한, 책임자의 횡령 부분이 정확하게 누구인지, 어떻게 돈이 오고 갔는지의 소재 파악이 조사를 통해서 정확하게 드러났습니다. 돈의 움직임은 책임이 명확하고 정확합니다. 범인 역시 언젠가는 드러날 부분임은 확실히 알고 있었을 겁니다. 완전범죄를 꿈꾸기엔 회계의 구조가 그렇게 허술하지 않기 때문입니다.

그런데, 집에서 그것도 가장 가까운 엄마에게 돈 훔쳐 갔다는 누명을 쓰니 눈이 뒤집힐 것 같았습니다. 나도 모르게 큰소리가 터져 나왔습니다.

"내가 돈 안 가져갔다고! 내가 엄마 돈을 왜 가져가! 지금까지 내가 그런 적이 있었어?"

막무가내 엄마의 주장대로라면 제가 엄마의 돈에 손을 댄 것이 이번 뿐 아니라 합니다. 엄마의 돈을 노리고, 엄마가 집에 없을 때 방을 뒤졌다고 합니다.

돈보다도 엄마가 저를 믿지 않는 상황이 더 속상했습니다. 엄마를 좋은 마음으로 달래도 돌아오는 것은, 의심과 원망이었습니다.

"엄마, 내가 진짜 엄마 돈을 가져갔다고 하면, 지금 이 자리에서 벼락 맞아 죽어도 좋아!"

한참만의 실랑이 끝에 시시비비는 따지지 않은 것으로 마무리했습니다. 돈 없어졌다는 비슷한 경험이 있었기에, 당신 가슴을 치며 억울해하는 모습을 더는 보고 싶지 않았습니다. 제가 가져가지 않은 이상, 엄마의 기억이 언젠가 돌아오겠지 생각하며 지나가기로 했습니다.

크리스마스이브. 즐거운 휴일에 고성이 오갔고, 크리스마스 당일엔 몸살로 꼼짝없이 누워 보냈습니다. 산타할아버지는 없는 게 확실했습니다.

딸의 겨울 방학이 시작되었습니다. 고등학생 딸이 방학 동안 자격증 공부하고 싶대서 혜화동에 있는 학원에 다녀왔습니다. 상담하고 등록하려는데 비용이 만만치 않았습니다. 한 달 학원비 95만 원. 카드 할부로 계산하고 돌아왔습니다.

저녁 식사하며, 학원비가 비싸서 할부로 지급하고 왔다는 이야기했지요. 식탁의 물가만 오른 것이 아니라, 사회 전반으로 물가가 감당하기 어려울 정도로 올랐다며 그 심각성에 대해 말했습니다. 인건비가 오르니, 자연스럽게 학원비도 오르고 예전의 물가보다 체감상 몇 배가 오른 것 같다는 대화였습니다.

식사가 끝난 후, 엄마는 저에게 봉투를 건넸습니다. 봉투에는 50만 원이 들어있었습니다.

"다른 데 쓰지 말고, 손녀딸 학원비에 보태 써."

"돈 없다면서 무슨!"

"내가 정신이 없어서. 봉투를 다른 데 놨었는지 어디서 나왔더라고."

엄마는 미안하다는 말 대신, 얼버무리며 봉투만 주고는 휙 가버렸습니다.

저의 49년 인생에서 엄마에게 미안하다, 고맙다, 사랑한다는 말을 들어 본 적이 없습니다. 엄마의 성격상, 잃어버렸던 봉투를 고스란히 주고 가는 일이 미안하다는 표현이라는 것을 잘 압니다.

"감사합니다!"

두말하지 않고 봉투를 받았습니다.

화내지 않으려고 해도 순간적으로 폭발하는 감정은 다스리기 힘듭니다. 마음이 요동을 치는 일은 저에게 절대로 좋은 영향을 주지 않는다는 걸 잘 압니다. 생각을 다시 정리합니다. 치매가 아닌, 건망증이라서 다행입니다. 90세 넘은 노인이, 기억이 깜빡깜빡하는 일은 어쩌면 당연한 일이라 마음을 다잡습니다.

갑자기 50만 원이라는 큰돈이 생겼습니다. 생활비가 빠듯해서 월급날까지 어떻게 하나 걱정했는데, 해결되었습니다. 감사함에 초점을 맞

춥니다.

노부모 모시고 사는 일이 쉬운 일 아니라는 것을 매일 체험하며 삽니다. 이래도 저래도 내 부모, 내 가족입니다. 젊은 제가 참아야겠지요. 하지만 이런 억울한 일이 생기면 참 난감합니다. 마음으로는 자식 된 도리로 당연하게 참고 받아들여야겠다고 생각하지만, 도를 닦는 것처럼 어려운 일입니다.

성인이 되어 짧은 생각으로 세상의 이치를 다 안다고 단언했던 과거의 어리석은 일들을, 이렇게나마 속죄하고 있다고 스스로 달래봅니다. '건망증'이 심한 제가 머지않은 미래에, 어쩌면 엄마처럼 될 수도 있겠다는 생각이 듭니다. 엄마도 갑갑하겠네. 마음 다독여 봅니다.

④

엄마가 내 아이가 되었습니다

엄마 소원은

온 가족이 둘러앉은 밥상. 남자는 남자끼리 여자는 여자끼리 따로 밥을 먹었다고 했습니다. 남자는 쌀밥 수북이 고봉밥을 담아 주고, 여자들은 보리밥이나 남은 누룽지를 먹었습니다. 보릿고개 때에는 먹을 것이 부족해서 감자와 고구마를 섞어서 먹었지만, 그마저 양껏 먹지 못했다고 했습니다. 김치도 남자는 대공을, 여자들은 이파리만 먹었던 시대였지요. 여자가 무슨 공부냐며 여자 형제 셋은 초등학교도 나오지 못했습니다. 오빠와 남동생을 위해 그저 묵묵히 집안일과 남의 집 일하며 보탬이 되어야 했습니다. 남아선호사상으로 여자들이 가장 핍박받던 시대에 태어난 이유에서였지요. 희생하고도 식구들이 많았기에 딸들에게 돌아갈 쌀과 밥은 늘 부족했습니다. 그때의 엄마 소원은 쌀밥을 '배불리, 양껏' 먹어보는 것이었다고 했습니다.

엄마는 구십이 넘어서는 삼시 세끼 제대로 식사하지 못합니다. 밥이 목구멍에서 넘어가지 않는다고 하네요. 쌀밥 먹는 게 소원이었던 시절을 떠올립니다. 김치 한 가지로도 밥 한 공기 뚝딱 해치울 수 있었던, '시장이 반찬이다.'라는 말이 딱 맞아떨어졌던 때입니다. 그에 비하면 지금은 호강이라고요. 당신이 참 한심하게 느껴진다고 했습니다. 이제는 풍족히 먹을 수 있는데도 몸이 따라주지 않습니다. 먹을 것이 풍족하고 쌀이 남아돈다는 뉴스를 보며, 저는 좋은 세상에 태어났다고 말합니다.

제가 엄마를 처음 만난 것은 두 돌 반인 3살 때였습니다. 살 집을 찾아 이집 저집 전전하던 저를 불쌍하다며 엄마가 받아주었지요. 한남동 도깨비시장 끝자락. 가난하고 배우지도 못한 엄마에게 의지하고 살 수밖에 없었습니다. 그때는 엄마의 삶이 불안하다고 생각하지 못했습니다. 시장 상인에게 시래기를 얻어와 된장국을 끓여주던 그 억척스러움과 어떤 말을 해도 큰 목소리에 톡 쏘는 말투는 엄마의 불안을 감추었습니다. 쩌렁쩌렁 큰 소리로 시장 골목을 울리던 엄마의 목청은 이제 다시는 돌아올 수 없겠지요.

아침마다 엄마가 깨어났는지 확인합니다. 새벽같이 일어나 주방을 시끄럽게 했던 사람이, 깨워도 한참을 누워있다가 겨우 기상합니다. 일어날 시간이 한참이나 지나 기척이 없는 날에는 혹시나 하는 마음에 가까이 가서 숨 쉬는지 확인합니다. 아직은 아니라고 생각하면서도 덜컥 겁나는 일들이 종종 있습니다. 깨워도 눈 뜨지 않고 대답 없이 축 늘어진 엄마의 작은 몸을 보면 두려움 먼저 몰려옵니다.

최근 엄마는 식사하지 못해 몸무게가 5㎏이나 빠졌습니다. 점점 앙상한 몸이 되어갑니다. 잘 먹지 못해 근육이 빠져서 뼈만 남았습니다. 죽지 않으려면 먹어야 한다는 제 말에 '죽으면 된다!' 합니다. 뭐라고 말해야 할지 몰라서, 자식 걱정하는데 못 하는 소리가 없다며 핀잔을 줍니다. 당신이 하는 걱정보다 제가 걱정하는 게 더 싫은 엄마를 달래는 저만의 방식입니다.

"엄마, 복이 오려다가도 엄마 한숨 소리 듣고 그냥 가겠다!"

아침 밥상에 앉아 한숨부터 쉽니다. 음식을 먹으면 이내 콧물이 흐릅니다. 밥 몇 숟가락에 딸꾹질이 납니다. 물을 마십니다. 음식을 먹기만 하면 목에 음식물이 걸려 콜록거리기 일상입니다. 삼킬 수 없어서 가슴을 치는 일이 점점 많아집니다. 밥보다 물을 더 많이 먹습니다. 밥에 물 말아도 가슴을 치니, 보는 사람마저 답답할 지경입니다. 잘 먹다가도 갑자기 틀니가 달그락거리며 빠져버립니다.

"이 썩을 놈의 틀니!"

밥을 먹다가 애꿎은 틀니에 화살이 돌아갑니다. 식사때마다 별일이 다 생깁니다. 이러니, 엄마는 삼시 세끼 밥상머리에 앉아 밥 먹는 일이 여간 곤혹이 아닐 수 없습니다.

밥 먹기 싫다고 먹지 않습니다. 밥이 까칠하고 모래알 씹는 것 같다고요. 그래도 먹어야 기운이 나니 억지로라도 몇 숟가락이라도 뜨자고 합니다. 역정 내며 안 먹는다고 합니다. 아침저녁으로 먹어야 하는 약이 한 움큼입니다. 억지로 뭐라도 먹어야 합니다. 나름대로 아침마다 부드러운 계란찜을 합니다. 따뜻한 물도 미리 끓여 놓고요. 국보다 먹을 만하다던 수프도 한 다발 사다 놓았습니다. 입맛이 조금이라도 돌아오기만 한다면 무엇이든 사줄 테니 모두 말하라 해도, 먹고 싶은 것 없다고 합니다. 제 마음만 새까맣게 타들어 갑니다.

엄마의 어린 시절 이야기를 꺼냅니다. 보릿고개에 먹을 것 없어 풀죽도 못 먹었던 때를 떠올리라며 모진 소리 합니다. 엄마의 기억이 몇십 년 훌쩍 담장을 넘습니다. 회상하는 엄마의 눈빛이 이젠 쓸쓸하기까지 합니다. 몇백 번을 들었던, 못 먹었던 한 맺힌 이야기를 오늘도 귀 기울여 듣습니다. 추억을 반찬 삼아 몇 숟가락 더 먹을 수 있지 않을까 기대합니다. 엄마가 원하는 것은 어쩌면 밥보다 같이 추억할 사람이지 않을까 생각해 봅니다.

삼시 세끼. 끼니때마다 이렇게 해볼까, 저렇게 해볼까, 수만 가지 생각합니다. 아이를 어르고 달래듯이 화를 냈다가, 칭찬도 했다가, 예전 기억 이야기도 합니다. '맛있다'를 남발하며 엄마보다 배가 되는 밥을 먹기도 합니다. 같이 밥 먹는 사람이 맛있게 먹으면 덩달아 식욕이 오르지 않을까 싶어서 먹다 보니, 저만 살찌고 엄마는 말라갑니다. 자식 생각해서 조금이라도 먹지, 너무한다며 또 핀잔 아닌 핀잔을 늘어놓게 됩니다.

아침에는 일어나자마자 먹는 밥이 껄끄럽고, 점심은 혼자 먹는 밥이 싫다고 합니다. 퇴근하면서 엄마를 위한 추어탕을 포장 주문합니다. 몇 달 만에 먹는 추어탕. 다행히도 먹을 만하다고 합니다. 아침과 점심 모두 걸렀다며 국그릇에 밥을 말아 한 그릇 비웁니다. 자식이 밥 먹으면 부모는 먹지 않아도 배부르다고 하더니, 우리 집은 거꾸로입니다.

"잘 먹었다!"

이 한마디 듣기가 '하늘의 별 따기'입니다.

밥 전쟁은 지금도 진행 중입니다. 밥 안 먹겠다는 아이보다 노인의 밥투정이 더 힘듭니다. 노인의 한 끼는 일반인의 한 끼와는 전혀 다른 의미입니다. 밥을 먹어야 기운이 나고 건강한 생활을 할 수 있습니다. 그야말로 살기 위한 한 끼입니다. 엄마가 밥 잘 먹었으면 좋겠습니다. 남은 생, 아프지 말고 건강하게 함께 하기를 바랍니다.

93년 알차게 쓴 몸. 일부러 그러는 게 아닐 텐데 알면서도 속상합니다. 몸이 마음대로 안 되는 게 당연한데, 제가 너무 몰라주나 자책도 합니다. 세상에 홀로 남겨진 저를 엄마가 지켜주었습니다. 할 수만 있다면, 제 남은 생을 떼어서라도 엄마에게 나눠주고 싶습니다. 엄마를 위해 어쩔 수 없이 잔소리부터 시작하는 아침이 속상합니다. 엄마 소원대로 쌀밥 한 공기 뚝딱 비우는 날이 오기를 간절히 바라봅니다.

혼자는 외로워

"엄마, 일어나!"

아침 7시 반 기상합니다. 가루 비타민을 물에 풀어 물통에 넣습니다. 엄마가 일어나기 전, 물통과 빨대를 챙겨 엄마 손바닥 위에 놓습니다. 잘 듣지 못하니 열 번 말하는 것보다 한 번의 행동이 빠릅니다. 엄마는 '아이고!'를 열댓 번쯤 말하고서는 겨우 일어납니다. 물통에 빨대를 꽂아 비타민을 마십니다. 밤새 볼일 본 소변 통 들어 비우고, 세수하고 틀니를 낍니다. 그 시간이 대략 30분에서 40분 정도 걸리지요.

저는 그 30분 안에 밥을 차립니다. 국 데우고, 계란찜 만들고, 커피포트에 물을 따뜻하게 끓이고, 냉장고에서 반찬을 꺼내어 놓습니다. 엄마가 좋아하는 컵 수프도 한 개 내놓습니다. 밥을 퍼서 식탁 위에 올려놓고 숟가락, 젓가락을 놓으면 아침상 준비가 끝납니다.

"엄마, 밥 먹자!"

엉거주춤 느린 걸음으로 천천히 나오는 엄마가 식탁 의자에 앉으면 아침 식사가 시작됩니다. 차린 밥상을 천천히 둘러보고 한숨 먼저 쉬고야 숟가락을 듭니다. 밥 한 숟가락 입에 물고는 젓가락이 반찬 위를 배회합니다.

"엄마! 좀 빨리 먹으면 안 돼?"

30년 차 직장인입니다. 지금 다니고 있는 회사는 일주일에 두 번, 10시부터 5시. 아르바이트로 시작해서 정직원이 되었습니다. 대표의 배려로 근무 시간 조정했습니다. 아침 식사 챙기고 지각하지 않으려면 빨리 준비해야 합니다. 마음이 급합니다. 엄마가 서운할 걸 알면서도 못된 말이 나옵니다. 근무 시간을 조정하면서 급여를 어느 정도 포기하고, 집안일에 더 신경을 쓰기로 했습니다. 아이와 엄마의 식사 때문이었습니다. 아이는 중학생까지 손이 많이 갔던 것과 달리 고등학생이 되고는 한결 수월해졌습니다. 딸의 등교가 빨라진 덕분에 아침잠을 더 잘 수 있었습니다. 엄마 챙기고 출근해야 하는 저의 상황을 이해하고 알아서 척척 등교하는 딸이 고맙기도 하고 미안하기도 합니다. 그런데도 엄마와의 식사 시간이 길어지거나 작은 사건이라도 생기면 그나마 조정한 출근 시간에 지각해 버리고 맙니다. 마음이 급해질수록 저의 목소리도 커지고 엄마의 짜증도 늘어갑니다.

"하루가 너무 길어. 애들 다 나가버리고 절간 같은 집에 혼자 있으면 마음도 울적하니 안 좋아."

엄마가 2층 할머니에게 푸념하는 소리 들었습니다. 식구들 나가고 나면 조용한 집에서 온종일 텔레비전 보는 것이 지겹다고요. 말할 사람도 없고 혼자 집에 우두커니 앉아서 무료하다고 합니다. 거동이 불편해밖에 나가지도 못하고 답답하게 방에만 틀어박혀 있는 당신이 한심하다 했습니다.

3년 전, 여러 이유로 6개월 집에서 쉰 적 있었습니다. 그때는 집에서 엄마와 밥도 먹고 병원도 함께 가고 텔레비전 시청도 하고 시장에도 함께 다녔습니다. 엄마는 저와 함께 있어서 좋다는 말한 적 없었지만, 이전과 다르게 활력이 생겼고 우리 모녀 사이도 좋았습니다.

몇 달 후, 제가 다시 직장에 나가겠다고 하자 엄마는 처음으로 싫은 내색을 비췄습니다. 늙은이가 집에 혼자 있다가 어떻게 되면 어쩌냐고, 집에 혼자만 있으면 적적하고 울적하다 했습니다. 집에 있어도 각자 할 일이 있었고 함께 하는 시간이 많지는 않아서 괜찮다고 생각했지요. 당신의 마음을 말로 표현하지 않던 엄마가 적극적으로 말한 게 의외라고 생각했습니다.

남편 혼자 네 식구의 생활을 감당하기에는 턱없이 부족합니다. 엄마를 이해시키고 출근하기로 했지요. 출근하면서도 마음은 편치 않습니다. 경제적으로 여유롭다면 엄마와 시간을 함께하겠지만, 사는 건 현실이기에 회사에 나갑니다. 미안한 마음에 퇴근하면 엄마의 식사부터 챙깁니다. 최근 입맛 없어 자주 식사를 거르는 엄마가 불안합니다. 먹지 못하니 살이 계속 빠지고 기운도 없어 종일 누워있는 일이 잦습니다. 점점 말라가는 엄마를 보며 회사를 그만둬야 하나 몇 번이고 고민합니다. 엄마와 헤어질 날에 '더 잘할걸' 후회하고 싶지 않습니다. 돈도 물론 중요하지만, 엄마와 함께하는 시간을 포기하기도 싫습니다. 하루에도 열두 번씩 마음이 오락가락합니다.

"할머니, 밥 안 먹고 아프고 그러면 요양원 가야 해! 먹기 싫어도 조금씩이라도 먹어야지."

제가 꼬마 때부터 이웃사촌으로 지낸 친한 아주머니가 방문했습니다. 아주머니라고 하지만 칠순이 넘은 할머니입니다. 지금은 이사해서 가까이 살지도 않는데 엄마를 위해 맛있는 과일이나 나물을 자주 챙겨 옵니다. 외식 나가거나 동네에서 쉽게 먹지 못하는 음식을 보면 '돌아가신 엄마 생각'이 난다며 집으로 바리바리 싸 들고 옵니다. 작년 어버이날에는 식사하지 못하는 엄마를 위해 차를 끌고 경기도까지 다녀왔습니다. 맛집으로 유명한 추어탕을 먹기 위해서였지요. 덕분에 저도 따라가서 엄마와의 추억 하나를 더했습니다. 저 혼자서는 못 하는 일입니다. 자신의 엄마처럼 신경 써주어 고맙고도 미안한 마음입니다.

"너를 보면 예전의 나를 보는 것 같아. 나는 지금 엄마한테 뭘 해주고 싶어도 없어서 못 해주잖아. 나중에 후회해봤자 아무 소용이 없어. 지금 잘해야 해!"

아주머니도 결혼 전, 저처럼 엄마와 둘이었다고 했습니다. 성격 급한 엄마와 아무것도 못 하는 딸이 매일 티격태격하면서 살았답니다. 그래서 저와 엄마를 보면 예전 생각이 난다고 하네요.

돈은 언제든 또 벌기 시작하면 되겠지만, 엄마는 한번 가면 영영 돌아올 수 없기에 일을 그만두는 것이 맞지 않을까 생각합니다. 나중에 엄마와 함께하지 않은 시간을 두고 자책할까 두렵습니다.

저 역시 부모라 아이 키우고 생활해야 합니다. 먹고 살기 빠듯한 상황을 잘 아는 엄마가 이해해 주리라 생각하면서 마음 잡습니다. 제가 경제활동을 해야 엄마에게 더 맛있는 음식과 건강식품, 그리고 편안한 생활을 해드릴 수 있으니, 일단은 평소 함께 하는 시간에 좀 더 집중하기로 했습니다.

혼자 보내는 시간이 많은 엄마, 외로움을 채워줄 수 없어 미안합니다. 하루 3시간, 방문 요양보호사가 집에 오는 시간을 제외하고 엄마는 종일 누워서 텔레비전 봅니다. 나이는 다르지만 2층에 사는 할머니와 오후 시간을 자주 함께 보내라 말합니다. 거동이 더 힘들어지기 전에 보행기를 의지해 동네 한 바퀴라도 함께 돌면서 운동도 하고, 놀이터에서 바람이라도 쐬라고 말해봅니다.

지난여름 한낮의 초등학교 앞, 할머니들이 모여 앉은 놀이터는 햇살도 시간도 느리게 가는 듯했습니다. 약속 없이도 동네 할머니들이 삼삼오오 모여 간식을 나누어 먹는 모습이 아름다웠지요. 엄마 덕분에 저도 음료를 얻어 마셨습니다. 생각난 김에 간식거리와 음료를 나누어 드시라고 보행기에 넣어두었습니다. 엄마와 함께 햇살을 즐길 수 없지만, 간식을 통해 마음을 나눕니다. 엄마의 곳간이 늘 가득하도록 신경 써야겠습니다.

엄마 기억 속에는

　수입 없는 엄마는 노령연금을 타는 날과 생일이나 어버이날 등 행사 때에만 현금이 생깁니다. 제가 봉투에 용돈 넣어 드리면 받지 않습니다. 엄마의 생활비와 간식비, 그리고 각종 영양제를 섭취하는 저에게 살림에 보태라며 거절합니다. 봉투를 주었다가 다시 받아오는 일이 많습니다.

　석 달 전, 엄마는 방에서 돈 봉투가 없어졌다고 했습니다. 방을 다 뒤집어도 봉투가 보이지 않는다고 한참을 찾았습니다. 당신 혼자만 아는 공간에 두었는데 돈이 사라졌다며 제가 가져갔다고 단언했습니다. 그 일로 엄마와 다투는 시간이 길어져 힘든 시간을 보냈습니다. 한참 후에 찾았다고 했지만, 찾았다는 사실조차 잃어버린 듯한 엄마의 말에 다투기 싫어 입을 닫습니다.

　아흔두 번째 엄마의 생일날 친척들이 집에 모였습니다. 멀리 군산에서 온 친척들과 은평구에 사는 삼촌네 가족이 모여 집 근처의 식당에서 소불고기 전골로 점심 식사했습니다. 엄마는 전라도 출신입니다. 젊었을 때부터 워낙 음식솜씨가 좋아서 음식에 대한 눈높이가 높습니다. 까다로운 엄마 입맛에 맞춰 식사할 장소를 정하는 것도 만만치 않았지요. 저는 음식에 소질이 없고 엄마가 스스로 당신 생일상을 장만하는 것도 힘들어 외식하기로 했습니다. 평소 엄마는 잘 먹지 못하지만, 식구들 여럿이 함께 모여 먹으니, 기분 좋아서인지 평소보다 더 많이 식사했습니다. 식후, 후식으로 집 앞의 유명한 도넛을 사서 집으로 가져와 커피를 마시며 화기애애한 시간을 가졌습니다. 축하의 금일봉이 오갔고, 엄마가 잘 정리하는 듯해서 신경 쓰지 않았습니다. 무슨 봉투를 주냐며 엄마는 축하 봉투를 받았고, 엄마 또한 손자들에게 주려고 준비한 용돈 봉투를 나눠주었습니다. 오가는 사람 없는 조용한 집에 사람이 가득 차니 정신도 없고 앉을 자리도 마땅치 않아 저는 방으로 들어갔습니다. 지난번 돈을 잃어버렸다는 사건 때문에 저는 엄마에게 "잘 챙기시라!" 몇 차례나 당부했습니다. 문제는 친척들이 모두 돌아가고 난 후였지요. 봉투는 많이 받았는데, 기억보다 돈이 모자란다는 겁니다. 엄마는 중간에서 제가 가져간 것 아니냐며 결국 섭섭한 말을 하고야 말았습니다.

"내 방 리모컨이 어디로 갔는지 아무리 찾아도 없어. 네가 가져갔지?"

없어진 건 돈에 그치지 않았습니다. 텔레비전 리모컨, 먹던 관절 약, 입었던 옷, 꽃 모양 스카프, 엄마 전용 컵까지 다양합니다. 제 눈에는 잘만 보이는 물건들이 엄마의 눈에만 보이지 않습니다.

"엄마 방에는 귀신이 사나 봐. 뭐가 맨날 없어져?"

없어졌던 리모컨은 이동 변기 속에 빠져 있었고, 먹던 약들은 침대

밑바닥에 떨어져 있었습니다. 스카프는 입었던 옷 주머니 속에 있었고 엄마 전용 컵은 텔레비전 뒤로 떨어진 채로 발견됐습니다. 제대로 찾아보지 않고 저부터 부르는 엄마에게 짜증 날 때가 많습니다.

물건을 가져갔다고 해도 화나는데, 돈은 말할 여지도 없습니다. 엄마가 돈이 없어졌다고 하면 신경이 곤두서 짜증부터 납니다. 당신만 아는 곳에 숨겨두고는 저보고 훔쳐 갔다고 하니 환장할 노릇입니다. 물건처럼 찾아주면 되는 일이지만, 돈에서만큼은 저도 불편합니다. 물건과는 확연히 다른 감정입니다.

"엄마, 자꾸 돈 잃어버렸다고 하지 말고 차라리 나한테 맡겨. 내가 장부를 적으면 되잖아."

저를 못 믿겠다고 합니다. 딸을 못 믿으면 세상 누구를 믿냐고 화를 내봐도 소용없습니다. 제가 다 가져갈 거라고 합니다.

엄마는 생활비가 부족하거나 큰돈 들어갈 일이 생길 때, 쌈짓돈 모아두었다가 저에게 용돈으로 챙겨주기도 합니다. 감사한 일이지요. 엄마 용돈을 드리지도 못하는데 받기만 하니 염치가 없습니다. 저에게 주는 돈은 하나도 아깝지 않다던 엄마였습니다. 그런 엄마가 '돈 훔쳐 갔다!' 하니 속상하다 못해 애가 탑니다. 저를 아낀다면서 도둑으로 몰아가는 엄마가 원망스러울 때 많습니다.

4년 전, 약장사를 따라 나들이 다녀온 엄마가 날이 어두워져 집을 찾지 못한 일이 있었습니다. 밤이 되니 조명들이 반짝이고 어디가 어디인지 혼란스러워 한참을 헤매다가 겨우 집에 왔다고 합니다. 저에게 전화

할 생각도 못 하고 빨리 집에 가야 한다는 생각에 정신 빠져 있었다고 했습니다. 엄마는 그 이후로, 밤에는 절대 집 밖에 나가지 않습니다. 그만큼 충격이 컸다는 이야기겠지요.

어떤 날은 1층 공동현관 비밀번호를 기억하지 못해서 한참을 서 있다가 다른 사람이 드나들 때 집에 들어온 적도 있습니다. 1층에서 4층인 집을 향해 고래고래 소리쳤다고 했지만, 집안에서는 엄마의 목소리가 하나도 들리지 않았습니다. 평소 엄마는 핸드폰을 항시 들고 다니라는 제 말을 귀담지 않았습니다. 핸드폰이 어디에 있는지 관심조차 없었습니다.

보건소와 정신과에서 치매 검사를 했습니다. 현재 몇 년도 몇 월 며칠인지 모릅니다. 오늘이 무슨 요일인지도 모릅니다. 간단한 산수와 도형 그리기 힘듭니다. 90대에 정정한 사람도 많지만, 엄마는 그렇지 못한 편에 속합니다. 심하지는 않지만, 치매가 진행되고 있습니다. CT상 뇌의 크기도 많이 줄어들었습니다. 두 달간 뇌 영양제라고 약도 먹어보았지만, 평소 먹던 약이 많아 부담스럽고 머리가 어지럽다 해서 중단했습니다.

"다른 병 다 걸려도 치매는 걸리면 안 되는데."

세상에서 제일 못 쓸 병이 치매라고 말하던 엄마입니다. 냉장고를 열어두거나, 가스레인지 위에 불 켜놓고 냄비를 태우거나, 화장실 세면대에 물이 넘쳐흘러도 잘 모릅니다. 최근 2년 사이에 귀가 잘 들리지 않아서 소리치듯 말해야 알아듣습니다. 냉장고 문 알림 소리도, 가스레인지 음식이 넘치는 소리도, 세면대에서 콸콸 넘치는 물소리도 듣지 못합니다.

"엄마! 냉장고 문 열어놓으면 어떻게 해. 딩동 거리는 소리 안 들려? 문을 꽉 닫아야지."

"엄마! 냄비 다 넘쳐. 불나겠어! 가스레인지 불 켜놓고 딴청 피우지 말라니깐?"

"화장실 물 다 넘쳐서 수도 요금 많이 나오겠네, 엄마가 수도세 다 내!"

엄마의 상태를 알면서도 소리치고 윽박지르고 화부터 납니다. 10분 후면 후회할 일, 같은 상황이 오면 또다시 반복되지요.

엄마의 몸과 마음이 다해서 소리를 듣지 못하고 기억나지 않을 겁니다. 누구보다 아쉬운 소리 하기 싫어하고 단호하게 살아온 엄마가 제일 그러고 싶지 않을 겁니다. 제가 화내기 이전에, 누구보다 당신을 탓할 거란 것도 압니다. 알면서도 몰아세우고 화내고 짜증부터 부리는 저는 불효녀입니다.

'엄마가 나를 기억하지 못하는 날이 온다면, 얼마나 후회하려고 그러니?'

분명 후회할 겁니다. 엄마에게 소리 지르고 짜증 내고 원망하던 저를 자책할 겁니다. 끝까지 이기적으로 저만 생각하는 제가 원망스럽습니다. 그래도 딸인 저만은 끝까지 기억해 주기를 바라는 마음으로 엄마를 이해하고 또 이해해 보려 합니다.

부끄러운 일 아닙니다

초등학교 때 꿈속에서 소변을 보다가 이불에 실수한 적 있었습니다. 엄마는 다 큰 애가 오줌을 쌌다며 같은 건물 3층에 사는 아줌마에게 소금을 받아오라 했지요.

"아줌마, 엄마가 소금 조금만 얻어오래요!"

말하자마자 소금이 날아와 제 얼굴과 몸을 때렸습니다. 이미 아주머니와 엄마가 짜고 친 판에 제가 말려든 겁니다. 꿈꾸다가 잠결에 그런 건데 너무했습니다. 얼마나 속상한지 40여 년 전의 일이지만 아직도 생생하게 기억납니다.

"늙으면 죽어야 하는데 죽지도 않고, 이런 일만 생기니 어떡하냐."

거실에서 구린내가 진동합니다. 미처 화장실에 도착하지 못한 엄마가 실수했기 때문입니다. 엄마의 다급한 목소리에 쫓아 가보니, 바지와 속옷, 양말까지 모두 설사로 뒤덮였습니다. 체력이 5년 전만 같았다면, 알아서 처리했을 겁니다. 힘없는 엄마가 혼자 정리하는 건 무리입니다.

일단 엄마의 몸을 먼저 깨끗이 정돈시키고 화장실에서 방으로 대피시켰습니다. 난장판이 된 화장실을 보며 심호흡 한번 하고 고무장갑을 꼈습니다. 락스와 가루세제를 대야에 풀어 수세미로 깔끔히 정리합니다. 그래야 냄새와 청결을 한 번에 잡을 수 있습니다.

"나오는지도 모르게 나와버렸네. 아이고, 참는 것도 안 되니 어쩌냐."

화장실에 자주 가는 엄마는 소변 실수를 종종 합니다. 노인이 아니더라도 나이 들면 요실금이라는 병이 쉽게 찾아오지요. 예전 광고엔 아기 기저귀 광고를 많이 보았는데 근래 들어서는 성인용 팬티 기저귀 광고가 더 눈에 띕니다. 새로 태어나는 아기 보다 노령인구가 급격히 늘어나는 이유겠지 생각합니다. 저 역시 집에 성인용 기저귀를 상자로 구매합니다. 노인 전용 속옷을 사용하기도 하지만, 빨아 쓰는 것보다 수고스럽지 않고 위생적이고 편리하기 때문입니다.

"엄마, 가뜩이나 날도 더워지는데 속옷을 자주 갈아입어. 냄새나는 것 같아."

"비싼 놈의 기저귀. 많이 젖지도 않았는데 그냥 좀 더 입어야지!"

"아이고, 그러다가 병 생기면 큰일 나! 요즘 기저귀 엄청나게 싸니 제발 그런 걱정하지 마."

보란 듯이 기저귀를 상자째 쌓아놓으면 자주 사용할 것 같아서 그렇게 했습니다. 모든 게 아까운 엄마가 그마저 아껴 쓰는 게 화납니다. 기저귀 못 살 만큼 어렵지 않은데 그러다 병 생길까 걱정입니다. 가족들이 경제적으로 부족한 게 싫어서 일하는 건데 모든 걸 돈으로 따지는 엄마가 답답합니다.

여자들은 아이를 낳고 나면 방광염, 요실금 등 부인과 질병이 자주 생깁니다. 출산 후의 후유증이기도 하고 남자들과 다르게 신체적 구조가 병에 취약하게 생겼습니다. 몸에 피로가 누적되거나 스트레스가 쌓이면 면역력이 낮아져 그럴 수 있답니다. 저도 방광염이 잦은 편인데 아프면 약을 먹는 게 전부입니다. 산부인과에서 케겔 운동이 도움이 된다고 했지만, 일상생활에서 의식적으로 운동하기 힘듭니다. 생각이 나면 한두 번 정도 하다가 잊어버리곤 합니다. 평소 재채기나 기침을 심하게 할 때나, 재미있는 상황에 웃음보가 터져 실수하기도 합니다. 질병입니다. 아픈 것도 서러운데, 부끄럽다는 생각에 쉽사리 말하지 못합니다. 아픈 일은 부끄러운 일이 아닌데, 왜 유독 대소변에 대해서는 더럽고 창피하게 느껴지는 걸까요.

나이 들어 몸이 말을 듣지 않는 것은, 부끄러운 일이 아닙니다. 기계도 잘 돌아가다가 고장이 나고 멈추기 마련입니다. 밥 먹다가 틀니가 빠지는 일도, 숟가락질 젓가락질이 되지 않아 음식을 흘리는 일도, 생각과 무관하게 대소변 실수하는 것도 모두 낯 뜨거운 일 아닙니다. 노인이 되어서 아픈 것뿐입니다. 몸이 늙어 생기는 자연스러운 현상입니다. 그런데도 모든 게 당신의 실수인 양, 죄인처럼 고개를 들지 못하는 상황이 싫습니다. 짜증 납니다. 늙은 것도 서러운데, 당신마저 자신을 책망하는 엄마의 모습에 속상합니다.

기저귀를 넉넉히 쌓아둡니다. 틀니 세정제와 틀니 부착 크림도 준비합니다. 상비약으로 온갖 상황의 약 준비했습니다. 대소변 실수가 생기면 엄마가 더 자신을 책망하지 않도록 군소리하지 않고 깨끗이 정리합니다. 자책하는 엄마에게 창피하고 부끄러워할 일 아니라고 말합니다. 노인이 되니 어쩔 수 없는 현상이라고, 엄마 나이에 이 정도면 건강한 거라며 부추기기도 합니다.

아이가 이불에 소변을 누었다고 소금 뿌리며 수치를 주던 시대는 지나갔습니다. 요즘은 자연스럽게 대소변 가리게 하고 일부러 심리적으로 압박하지 않으려 합니다. 아이의 힘으로 연습하고 스스로 행동하도록 훈련합니다.

노인의 생리적인 문제도 마찬가지라 생각합니다. 엄마의 말을 빌려 '늙어서 추잡한 일'이 아니라는 걸 분명하게 말하고 싶습니다. 의지로 되지 않는 생리적 현상은 질병입니다.

아무리 가깝다고 생각하는 자식이라도 부끄럽다며 당신을 원망하는 일이 더는 없기를 바랍니다. 오히려 '젊었을 땐 내가 너를 돌보았으니, 이제는 네가 하라' 떳떳이 말할 수 있기를. 움츠러드는 것이 아니라 차라리 목소리 크게 요구하기를 바랍니다.

저는 중년의 나이지만 마음은 청년일 때와 크게 다르지 않습니다. 몸은 나이 들수록 변하지만, 내면은 그대로입니다. 엄마의 93년 또한 그렇지 않을까 짐작해 봅니다. 나이 든다는 말이 부정적으로 느껴지는 이유는, 마음은 그대로인데 외모와 몸의 변화 때문이 아닌지 생각합니다. 에콰도르의 유명 작가인 후안 몬탈보는 '노년은 죽음에 둘러싸인 섬'이라 할 정도로 노인의 마음이 외롭고 고독하다 표현했습니다. 아무리 이해한다고 짐작해도 겪어보지 못하면 속속들이 알 수 없으니 얼마나 고통스러울지 헤아리지 못합니다.

  엄마와의 시간이 얼마나 남아있는지 모릅니다. 그 외로운 시간이 혼자만의 고독으로 남지 않기를 바랍니다. 언제든 불편하고 힘들면 편하게 말할 수 있고, 요청하면 조금이라도 도움 되는 딸이 되기를 바랍니다. 물론 사람인지라 힘들다고 느껴질 수도 있겠지요. 그래도 나중에 가슴치고 후회하는 것 보다, 지금 엄마 옆에서 뭐라도 할 수 있다는 것에 감사하자 마음 달래봅니다.

내가 할 수 있는 최선

식사 시간, 엄마와 식탁에 마주 앉습니다. 국이 없고, 입맛이 없고, 틀니가 잇몸을 아프게 하고, 몸이 여기저기 쑤시고…. 말할 때마다 불평불만이 줄줄이 나옵니다. 엄마에게 최선을 다하고 있지만, 마음에 들지 않으니 어찌할지 모르겠습니다.

"엄마. 이건 어때? 맛있어?"

"이건 좀 먹을 만하네."

그냥 맛있다는 말 한마디면 되는데 그게 그렇게 어려울까요. 엄마에게 먹을 만하다는 말은 칭찬입니다. 부정적인 말을 입에 달고 살면서, 칭찬은 얼마나 인색한지 모릅니다.

49년 동안 '우리 딸, 잘했네' 칭찬 한번 듣지 못했습니다. 용돈을 드려도, 선물을 준비해도, 봄가을로 한약을 지어도 당연히 자식으로서 해야 할 도리라고 말하는 엄마입니다.

"내가 너를 어떻게 키웠는데 당연하지!"

마음속으론 분명 고마워하는 걸 알면서도 칭찬 한번 하지 않으니 오기가 생기기도 합니다. 어지간하면 쑥스럽더라도 애쓰는 딸을 위해서 한마디 할 법도 한데 가끔은 서운하고 섭섭하다는 생각이 듭니다.

"요양보호사님, 엄마가 제 흉보면 그냥 맞장구쳐주세요."

하루 3시간. 집에 요양보호사가 옵니다. 요양보호사는 거동이 불편한 엄마를 도와줍니다. 제가 출근하고 집에 없을 때도 함께 시간을 보냅니다. 둘만 있는 시간, 엄마는 저에게 서운했던 일들을 말한다고 합니다. 제가 엄마의 상황에서 생각한다 해도 부족한 건 사실입니다. 모자라면 요구하고 당당히 말하면 되는데 자꾸 뒤에서만 험담하듯 하는 것이 속상하지요.

방문 요양보호사는 세 번 바뀌었습니다. 첫 번째 요양사는 집에 오가는 이웃사촌이었습니다. 평소에도 엄마를 본인 부모님처럼 잘해주셨습니다. 건강상의 이유로 그만두셨지만, 종종 집에 놀러 오시고 친척보다도 더 가깝게 지냅니다. 식사 못 하는 엄마를 위해 멀리서 음식을 포장해 오고, 때때마다 산나물과 여러 과일을 챙겨줍니다. 동네 이웃사촌인 아줌마가 엄마에게 잘하는 것을 보고 '나도 더 잘해야겠다!' 생각합니다. 그렇게 잘하는 친한 아줌마에게도 엄마의 불만은 있었습니다. 당신이 맘에 들지 않는 건 대화로 개선하면 되는데 왜 그런지 당사자에게 말하지 않고 뒤에서만 투덜댑니다. 여전히 좋은 이웃사촌, 엄마를 저보다 더 이해해 주는 아줌마가 참으로 고맙습니다.

두 번째 요양보호사는 저와 나이 차이가 열 살도 나지 않았습니다. 그래서 저와는 말이 잘 통했지만, 엄마는 세대 차이가 나서 불편하게 생각했습니다. 엄마를 위해 음식을 해도 맛이 없다고 하고 청소해도 맘에 들지 않는다고 합니다. 요양보호사는 엄마를 생각해서 집안일을 하고 남는 시간에 엄마에게 따뜻한 물로 족욕도 해주었습니다. 자식도 못 하는 일을 요양보호사가 하는 것을 보며, 요양보호사는 봉사 정신이 없다면 절대 못 할 일이구나! 깨닫습니다. 당신 눈에 부족하더라도 자신을 살뜰히 챙기는 요양보호사를 보며 일 년 넘게 함께 생활하였습니다.

현재는 세 번째 요양보호사가 오고 있습니다. 지금도 저에게는 요양보호사의 불만을 이야기하고, 요양보호사에게는 저에 대한 불만을 이야기합니다.

"엄마, 제발 불평불만 좀 그만해!"

엄마의 성격이 바뀌었으면 좋겠다고 생각했습니다. 혼자만의 생각이면 혼자만 생각하고 입 밖으로 꺼내지 않기를 바랐습니다. 곁에 있는 사람마저 엄마의 불만에 감염이 되어버리니 속수무책 당할 수밖에 없었습니다. 가만히 있으면 중간은 간다는 말이 와닿습니다. 차라리 아무 말도 하지 않았으면 좋겠습니다. 같은 말도 기분 상하게 하는 엄마를 보며, 그것도 재능이라며 비수를 꽂습니다.

엄마의 93년. 칭찬할 줄 모르고 불평불만이 더 많은 사람입니다. 엄마의 성격이 일제강점기 때문인지 한국전쟁 때문인지 아니면, 할머니 할아버지의 영향인지는 모르겠습니다. 엄마의 고달픈 인생에서 남은 것이 불평불만인 것은 확실합니다.

"이 집 할머니는 어쩌면 그렇게 한 번도 안 웃는지 모르겠어요."

저 혼자만 엄마가 유난스럽다고 했다면 거짓말이라고 할지도 모를 일입니다. 다행히도 저만 그런 게 아니라 다른 사람도 그렇다니 위로 아닌 위로됩니다. 새로 온 요양보호사는 엄마가 부쩍이나 불평불만이 늘어 고집도 세졌다고 말했습니다. 지금까지 본 할머니 중 이렇게 고집이 센 할머니는 본 적이 없다며 놀랐다고 말했습니다.

5시. 퇴근하자마자 부랴부랴 집으로 옵니다. 버스를 타고 집에 오면 한 시간 남짓 됩니다. 현관에 신발을 벗고 "다녀왔습니다!" 인사합니다. 엄마가 어디 있는지 확인합니다. 기력 없는 날엔 방에 누워있고, 힘이 조금이라도 있는 날엔 거실에서 텔레비전 시청합니다. 엄마의 몸 상태가 어떤지 먼저 살피는 게 먼저입니다.

"지금이 몇 시인데 이렇게 늦게 오냐. 늙은이 밥도 안 주냐?"

금요일, 차가 막혀 한 시간 반 넘게 버스 안에 갇혔을 때부터 불안했습니다. 당신 생각보다 조금 늦는다 생각 들면 기어이 한마디 하고야 맙니다. 엄마의 급한 성격, 하루 이틀 아닙니다. 야속하고 속상할 때 많습니다만 평생을 그리 살아온 엄마입니다. 그런 일로 얘기하면 엄마와 싸우는 일만 늘어나고 서로 감정만 상합니다. 엄마의 성격을 이제 와 고칠 수 없다는 걸 알면서도 답답한 현실에 주저앉는 날 많습니다.

"엄마 나 사랑해?"
"사랑하니까 지금껏 먹이고 키우고 공부시키고 했지!"

질문해서라도 사랑한다는 말을 듣고 싶었습니다. 엄마가 먼저 사랑한다고 말한 적 없습니다. 소중하다, 고맙다, 고생 많다고 위로의 말을 들은 적도 없습니다. 그렇지만 엄마가 저를 사랑하지 않는다고 생각하지 않습니다. 친부모도 버린 아이를 친자식으로 받아들인 엄마입니다. 말은 뚝배기 같아도 속은 우려낸 사골일 겁니다.

　이렇다 저렇다 불평불만 늘어놓다 보면 끝이 없습니다. 엄마의 성격을 탓하기만 했습니다. 엄마의 자라온 배경과 환경이 엄마를 그리 만들었습니다. 엄마라고 그렇게 살고 싶었을까요. 좀 더 나긋나긋한 엄마였으면 더없이 좋았을 테지만 어쩔 수 없습니다. 세 살 버릇 여든까지 간다고 했는데 아흔셋입니다. 이제는 엄마보다 제가 그런 일들로 불평불만하지 말아야 한다고 생각을 바꿉니다. 잘 되는 날도 있고, 안되는 날도 많습니다. 그래도 하는 데까지는 해보자며 마음 다잡습니다. 그게 엄마와 저를 위한, 할 수 있는 최선이니까요.

이 나이 먹도록 그렇게 살았다

"아이고! 어지러워죽겠다. 천정이 빙빙 돌고 난리다. 어쩌냐!"

　엄마의 고함에 일어났습니다. 엄마는 몸을 가누지 못하고 자꾸 쓰러지려 했습니다. 급하게 119에 전화했습니다. 5분 안에 구급차가 도착했고 엄마와 순천향대학병원 응급실로 갔습니다. 엄마는 이미 60대에 뇌출혈이 있었습니다. 그 일로 편측마비가 와서 석 달 동안 입원해서 치료받았지만, 아직도 후유증이 남아있습니다. 어지러운 이유가 또다시 뇌출혈이 생긴 게 아닌지 걱정되었습니다. 응급실에서 검사하는 동안 자꾸만 나쁜 쪽으로 생각되어 눈물을 참을 수가 없었습니다. 이대로 엄마와 영영 헤어지게 되는 건 아닐까? 겁도 났습니다. 시간이 멈춘 것 같았습니다. 병명은 '척추 뇌저 동맥 증후군'. 의사는 혈관이 노화되어 그렇다며 혈관 관리를 잘하라 했습니다. 나이가 많아서 할 수 있는 것이 없다고 덧붙였습니다. 어지럼증은 입원 4일 만에 호전되어 퇴원하게 되었지만, 엄마의 약은 더 늘어났습니다.

"엄마, 오늘은 비가 오네!"

기상 시간, 날이 흐리거나 비가 오면 엄마는 좀처럼 자리에서 일어나지 못합니다. 날씨의 영향을 받습니다. 텔레비전에 전문의가 나와 실제로 날이 좋지 않을 때 기압의 영향을 받아 혈압이 오르내리기도 한다고 했습니다. 혈압이 아니더라도 퇴행성관절염이 있는 엄마가 한 번에 몸을 일으키기는 힘든 일입니다. 맑은 날에도 거동이 불편한데 흐리거나 비가 오면 더 맥을 못 춥니다. 엄마보다 40여 년이나 젊은 저도 그런데 엄마는 오죽할까 짐작만 합니다.

병원이나 마트에 갈 때면 갑자기 다리에 힘이 풀려 주저앉는 일이 종종 생깁니다. 노인 보행기를 의지해 다니지만, 그것도 당신의 힘과 근력이 있어야 사용할 수 있습니다. 보행기를 사용한 지 몇 년 되지 않았습니다. 교통사고가 나기 전엔 혼자서도 잘만 걸어 다녔는데 사고 이후에 급격히 체력이 약해지면서 이제는 보행기가 없으면 걷기 힘듭니다. 보행기가 있어도 절대 혼자는 외출하지 못하도록 주의합니다. 보행기만 믿으면 크게 다칠 수 있기에 밖에 다닐 때는 꼭 사람들과 동행합니다.

"당 수치가 300이 넘어가네요. 어머니, 안 어지러우세요?"

내과 선생님 눈이 동그래졌습니다. 병원은 한 달에 한 번 진찰받으러 갑니다. 당뇨, 고지혈, 고혈압이 있습니다. 혈압도 혈압이지만, 당뇨 수치가 떨어지지 않습니다. 엄마는 병에 대해 대수롭지 않게 생각합니다. 나이 들면 그 정도는 다 아프다고 말이지요. 커피 믹스에 설탕을 타는 엄마에게 그러면 안 된다고 잔소리하면, 이 나이 먹도록 그렇게 살아왔다며 괜찮다고 합니다.

엄마 93세, 저는 49세입니다. 엄마와 제가 3살 때 만난 이후로 우리는 한 번도 떨어지지 않고 함께하고 있습니다. 어린아이였던 저는 벌써 중년의 나이가 되었고 엄마와 같은 고혈압, 당뇨, 고지혈 진단을 받았습니다. 대사증후군이라고 불리는 이 질환들은 생활 습관에서 오는 질병입니다. 달게 먹는 걸 좋아하는 엄마와 같이 먹고 자란 저 역시 단 음식들을 좋아합니다. 어쩌면 예견된 일이었습니다.

건강에 관심이 많습니다. 엄마와 제가 가진 질환도 공부해 잘 알고 있습니다. 어떻게 해야 호전되는지도요. 하지만, 행동으로 옮기지 못하는 나약한 저와 세상이 얼마 남지 않았다며 '다디단 즐거움'을 말리지 말라는 엄마는 병을 키우고만 있습니다.

저는 아기 때부터 코피를 자주 흘리고, 다리가 휘어 잘 넘어졌습니다. 예쁜 스타킹은 무릎에 구멍 나고, 원피스는 코피가 물들어 잘 지워지지 않았습니다. 초등학교 입학해선 홍역에 걸려 열병에 시달리면서도 겨우 살아났고, 이후로도 감기와 잔병치레는 끊이지 않았습니다. 중학교 때 안면 마비에 걸려 말도 제대로 못 하고, 혹독한 사춘기를 겪었습니다. 우울증과 이명에 불면증까지 겹쳐 죽고 싶다는 충동이 일어났습니다. 성인이 되어서는 극심한 스트레스에 메니에르 증후군과 공황장애까지 진단받았지요. 몸이 아프니 더욱 우울해지고 무기력해졌습니다. 몸과 마음은 하나라는 말을 충분히 이해합니다.

이 세상에 아프고 싶은 사람은 아무도 없을 겁니다. 몸과 마음이 건강해야 무엇이든 할 수 있는 용기가 생겨납니다. 건강하게 태어났으면 좋았겠지만, 약하게 태어났다 하더라도 자신을 위해 아끼고 챙기면서 살아야 합니다. 저는 성인 이후로는 부모의 보살핌보다 스스로 건강을 점검하고 더 나은 삶을 위해 관리하고 노력하려 합니다. 정기적인 건강검진을 하고 조금만 아파도 병원에 갑니다. 작은 병을 큰 병으로 키우고 싶지 않고 조기 치료가 경제적으로도 이익입니다. 그리고 무엇보다 아프기 싫습니다.

"구십 넘은 나보다 네가 맨날 아프다고 하면 어쩌냐?"

엄마는 제가 맨날 아프다고 난리니 아픈 것도 딸에게 밀린다고 불만입니다. 저도 그러기 싫은데 약하게 태어난 탓이겠지요. 엄마가 아픈 것보다는 차라리 제가 아픈 게 낫다고 생각합니다. 하지만 자식 된 도리로 부모를 걱정시키는 일은 불효인지라 미안할 때가 많습니다. 저는 매일 아프다고 하지만 엄마보다 상태가 조금 더 낫고, 괜찮다는 엄마는 한번 아프면 크게 아파서 병원 신세를 지곤 합니다. 어떤 게 더 나은지는 모르겠으나, 엄마가 아프지 않고 건강하기를 바랍니다. 엄마 말로 나이 들면 아픈 게 당연하고 죽는 게 당연한 일이겠지만, 그날이 오지 않기를 바라는 마음은 모든 자녀의 소망일 겁니다.

비 오는 날. 온몸이 두들겨 맞은 것처럼 아프다는 엄마의 말이 아립니다. 대신 아파줄 수도 없고 약으로도 고칠 수 없으니 답답하기만 합니다. 93년 알차게 쓰인 몸, 어쩌면 아픈 게 당연한 일인지도 모르겠습니다. 조금이라도 아프지 않게 할 수 있다면 어떤 일이라도 총동원합니다. 건강보조식품을 챙기고 한약도 지어보고 좋다는 운동법도 해보자 합니다. 엄마의 소원대로 '하루를 살아도 아프지 않게' 편히 지낼 수 있도록 말입니다.

"이렇게 아프면 빨리 가야 하는데, 죽지도 않고 큰일이여."

사람 목숨이 그리 쉬운가요? 태어나는 건 순서가 있어도 가는 건 하늘의 순서대로 간다고 하지요. 오래 사는 것보다, 지구에 있는 동안 행복하고 건강하게 사람들과 마음을 나누고 지금의 감정을 나누는 것. 그것이 삶의 목적이라 믿는 저는 오늘도 엄마와 오롯이 감정을 교류하고 있습니다.

"엄마! 커피 믹스에 설탕 타지 말라고!"

엄마는 걱정 인형

엄마는 걱정 부자입니다. 걱정에 끝이 없습니다. 하나가 해결되었다 싶으면 또 다른 하나가 시작됩니다. 당장 하지 않아도 되는 걱정을 사서 합니다. 마치 걱정하려고 사는 사람 같습니다.

가장 길었던 걱정은 사후에 대해서입니다. 죽고 나면 어디에 묻힐지, 수의는 뭐로 할지, 영정사진은 새로 찍을 건지, 장례는 어디 병원에서 할 건지 모든 것이 걱정되었습니다.

엄마는 화장이 싫다고 했습니다. 옛날 방식처럼 묘에 묻히는 걸 원했지요. 시골 선산을 알아보고 친척분과 논의하여 가묘를 만들어 두었습니다. 윤달이 든 해에 가묘를 만들고 사진까지 전달받았습니다. 엄마는 사진을 보고도 안심이 되지 않아, 직접 방문해 확인까지 했지요.

수의는 최고로 제일 좋다는 원단을 추천받아 준비했습니다. 죽어서나 입는다는 수의를 살아서 원단까지 확인하고 준비하는 엄마가 대단하다고 생각했습니다. 어쩌면 저를 믿지 못하는 마음에 더욱 걱정이 앞서나 섭섭했지만, 엄마의 뜻이니 모두 따르기로 했습니다.

영정사진은 주민센터에서 무료로 마련했던 사진으로 하자고 했습니다. 사진이라고 했지만, 한복 그래픽과 합성한 그림에 가까웠습니다. 엄마는 영정사진이 젊게 나와서 만족한다고 했지만, 저는 사진이 엄마 같지 않고 무서운 느낌이 든다고 싫다고 했습니다. 일 년 전 찍었던 주민등록 사진이 곱고 이쁘게 나왔습니다. 주변 사람들도 예쁘다고 했었지요. 엄마에게 예쁘게 나온 주민등록 사진을 쓰자고 했더니 그렇게 하라는 허락까지 받았습니다.

장례식장은 우리 가족이 오래 다니던 가까운 대학병원에서 하기로 했습니다. 지인들이 장례 치르는 모습을 보기도 했고 자주 오갔던 곳이니 익숙하다고 했습니다.

엄마는 사후의 모든 걸 해결하고 나서야 안심했습니다. 가묘나 수의, 미리 영정사진을 준비해 두면 오래 산다는 말이 엄마에게도 적용되기를 바라면서 마무리 지었습니다.

"자식이 둘 있는 것도 아니고, 달랑 하나인데 대학까지 보내야지!"

저에게는 딸이 한 명 있습니다. 저녁 식사 시간에 딸의 대학 등록금 문제로 남편과 대화한 적이 있었지요. 남편은 딸이 알아서 대학 등록금을 마련해야 한다고 했고, 저는 학비까지는 해줘야 하는 것 아니냐고 했습니다. 늦은 저녁 시간이라 초저녁 일찍 잠드는 엄마가 듣지 못할 거로 생각했는데, 목소리가 조금 컸던 모양입니다. 다음날 엄마는 제 앞에 봉투를 내밀었습니다. 그 안에는 엄마가 얼마 동안이나 모았는지 모를 큰 금액이 현금으로 들어있었습니다.

제 딸이 태어나고부터 엄마는 육아를 도맡았습니다. 저는 출산하고 두 달 만에 일하러 나갔고 사실상 엄마인 저보다 할머니가 더 엄마의 역할에 충실했습니다. 어린이집에 등하교와 언어치료실, 그리고 태권도장까지 할머니의 활약이 빛났습니다. 할머니 교육열 덕분에 딸아이는 유아 때부터 집에서 피아노와 한글을 방문 과외로 공부했습니다. 손녀 교육이 진심인 할머니의 주머니가 활짝 열렸지요. 그때 열렸던 주머니가 아직도 닫히지 않았나 봅니다.

엄마 눈에는 저와 남편이 미덥나 봅니다. 우리가 믿음직한 부모로 보였으면 손녀딸의 대학 등록금까지 걱정하지 않아도 되었을 텐데, 미안했습니다. 엄마는 저를 준 것이 아닌 손녀딸에게 주는 돈이라며 통장에 넣어두라 했습니다. 거절할 수 없는 제안에 감사히 받았습니다.

군산 오빠는 때때마다 엄마가 좋아하는 음식 재료를 택배로 보내줍니다. 소보다 돼지를 좋아하는 엄마를 위해 돼지고기를 부위별로 얼리고, 생선을 종류별로 구매합니다. 농사지은 쌀을 시작해 파, 고구마, 감자, 마늘, 깨, 고춧가루, 김치, 가을에는 감나무 농사까지 지어 엄마가 좋아하는 홍시를 보냅니다. 계절별로 갖가지 음식을 보내줍니다. 덕분에 저도 잘 먹고 삽니다. 요리와 살림을 할 줄 모릅니다. 나가서 회사 일은 하지만 가정일엔 빵점인 사람이 저입니다. 그런 저를 잘 아니 군산 오빠는 정성을 다해서 음식을 보냅니다. 저 역시 그런 오빠에게 늘 고마운 마음 가득합니다. 말로는 표현하지 못하지만, 가끔 전화해서 안부를 묻고 문자로도 감사를 전합니다. 친척들이 모인 엄마의 생일날, 엄마는 군산 오빠에게 저를 부탁한다면서 눈시울 붉혔던 날이 있었습니다. 의지할 곳이 아무 곳도 없는데 당신이 돌아가시면 얼마나 외롭겠냐며 몇 차례나 저를 부탁했습니다. 저는 아이도 아니고 가정도 있는 어엿한 성인인데 엄마 눈에는 아직 어린아이인가 봅니다. 당신이 없으면 사람 구실 못 할까, 걱정하는 눈치입니다. 남편과 싸우기라도 하면 편들어주고 이야기 들어 줄 사람이 있을까, 피붙이가 없어 외롭지는 않을까 미리부터 노심초사입니다. 엄마 마음 충분히 알고 고맙지만, 군산 오빠에게 혹여나 부담될까 봐 눈치 보입니다.

"나는 죽으면 그만이야! 젊은 니가 걱정이지. 오십도 안 먹어서 맨날 아프다고 하면 쓰냐?"

거침없고 투박한 말을 들으면 세상 무서운 것 하나 없는 사람 같지만, 속으로는 태산같이 걱정을 붙들고 삽니다. 제 앞에선 큰일도 아무 일 아닌 듯 무심한 척하지만, 속마음은 그렇지 않다는 것을 저도 압니다. 당신보다 자식을 먼저 걱정하는 마음, 감사하지만 이제는 당신만 신경 쓰고 아프지 않았으면 합니다. 저는 오십을 바라보는 나이입니다. 다 큰 중년의 딸을 엄마가 좀 믿어주고 지지해 주면 좋겠습니다. 악착같이 일하고 시 쓰고 글 쓰는 이유. 다른 사람들에게 도움이 되기 위함도 있지만, 엄마에게 단단하고 야무진 딸이라는 것을 보여주고 싶기도 합니다.

공저 책이 나온 것을 보며 요양보호사가 한마디 합니다.
"어머니, 딸내미가 이렇게 또 책을 냈네요. 직장 다니면서 글 쓰고 책 내는 거, 아무나 하는 일이 아니에요. 정말 대단한 딸을 두셨어요!"
엄마는 대놓고 칭찬하는 사람이 아닙니다. 저도 그러려니 넘깁니다.

엄마는 이마와 눈가에 주름을 잔뜩 잡고서 책을 펼쳐 봅니다. 저는 엄마 약을 챙기고 커피포트에 물을 넣어 끓입니다. 컵을 엄마 곁에 내려놓았습니다. 딴청 부리는 척, 무심히 엄마 뒤를 돌아 방으로 들어갑니다.

 글을 계속 써야겠습니다.

생선 대가리

엄마가 식사 못 할 때는 간식이라도 먹어야 혈당이 떨어지지 않습니다. 저혈당 증세가 생겨 식은땀이 흐르고 어지러워 쓰러지기라도 하면 큰일입니다. 그럴 때를 대비해서 엄마의 방에 늘 간식거리를 준비해 둡니다. 2층에 사는 할머니나 엄마의 지인들이 집에 놀러 오면 함께 드시라 준비하기도 하고, 요양보호사도 함께 먹으라고 식탁 위에 올려 두기도 합니다. 간혹 제가 놓은 간식이 갑자기 사라지곤 하는데, 나중에 보면 모두 엄마의 방 창틀에 숨겨져 있었습니다.

"엄마 혼자 먹으려고 다 가져갔어?"

"비싸게 사다가 이 사람 저 사람한테 다 퍼주냐? 돈 아까운 줄 알아야지!"

남에게 퍼준다고 표현할 정도로 돈에 예민한 엄마. 전쟁과 식민지의 생활 속에서 얼마나 힘들었기에 몇십 년이 지난 지금까지도 인색한지 모르겠습니다.

먹다 남은 사탕이 아까워 머리맡에 두었다가 사탕이 녹아서 이불에 녹아 붙은 일을 시작해서 자기 전 출출하면 먹는다고 했던 떡은 돌덩이처럼 딱딱하게 굳은 채 엄마의 창틀에서 며칠 후에 발견되었습니다. 홍시를 좋아하는 엄마를 위해서 비싼 금액을 주고 구매한 '얼린 홍시'는 엄마가 잠든 사이 물이 되었고요. 한여름에도 물을 잘 마시지 않는 엄마의 몸에 수분이 부족할까 봐 준비한 이온 음료는 미처 하루 한 병을 비우지 못해 다음날 변해서 버리고 맙니다. 반찬도 마찬가지로 나물 반찬을 맛있게 먹을 요령으로 많이 준비하지만 끝내 반도 먹지 못하고 냉장고 안에서 쉬어버리는 일이 다반사이지요.

"오메나! 냉장고에 넣은 줄 알았더니 여기 있네!"

제가 다니는 회사 대표가 옥수수를 좋아하는 엄마를 위해 싸준 옥수수 세 개 중 두 개가, 엄마의 침대 위에서 쉬어버린 채 발견되었습니다. 버려지는 음식이 아깝다면서 어쩔 줄 몰라 합니다. 음식이 상하거나 곰팡이가 피면, 예전 보릿고개 이야기하면서 그때의 소원은 보리밥이라도 배불리 먹어보는 게 소원이었다는 레퍼토리가 시작되곤 합니다. 옛날에는 없어서 못 먹었는데 지금은 먹을 게 너무 많아서 썩어난다며 음식 버리면 '천벌 받는다' 한탄합니다. 엄마는 지금도 홀로 '보릿고개'를 넘는 중인가 봅니다.

동탯국을 끓이면 엄마는 대가리만 먹습니다. '대가리'를 넣어야 국물이 맛있다며 당신은 생선 대가리를 먹고 가족들에게 제일 통통한 몸통을 담습니다. 제발 그러지 말라 해도 소용없습니다. 당신이 아니면 먹을 사람이 없다며 대가리가 제일 맛있답니다. 또 엄마는 가족들 보신하라고 몸에 좋다는 약재와 인삼을 가득 넣고 백숙을 폭 끓이고는 퍽퍽한 고기는 싫다고 국물만 먹었습니다. 한번은 식구들이 백숙을 먹지 않아 쉬어버린 일이 있었는데, 몸보신하라고 먹지 않고 아껴주었더니 아까운 음식이 쉬었다며 얼마나 큰소리 냈는지, 그 후로 저는 백숙을 싫어하게 되었습니다.

"썩을 놈의 틀니. 뭐만 먹으려면 지랄하네."

엄마는 틀니를 '야매'로 했습니다. 치과에 가면 비싸기만 하지 잘못 한답니다. 20년이 넘게 잘 사용하던 틀니가 망가졌습니다. 엄마의 단골 '야매 치과'는 사라져 없어진 지 오래입니다. 어쩔 수 없이 동네 치과에서 틀니를 새로 맞췄는데 마음에 들지 않답니다. 입안보다 틀니가 커서 식사할 때도, 재채기할 때도 틀니가 입 밖으로 나왔다 들어가곤 합니다. 심각한 상황이지만 엄마를 보고 있으면 어이없어서 웃음이 납니다. 코미디의 한 장면 같습니다. 다시 치과에 가자고 해도 "앞으로 살면 얼마나 더 살겠냐?"며 돈 들이지 않겠다고 합니다. 제가 치료비를 낸다고 해도 그 돈은 우리 집안 돈이 아니냐며 화를 냅니다. 하루를 살아도 마음 편하고 건강하게 살아야 한다는 제 말을 고집불통 엄마는 듣지 않습니다.

장바구니 물가가 단기간에 몇 배가 치솟았는지 모릅니다. 좋아하는 빵도 마음 편하게 사 먹지 못하게 되었습니다. 빵 몇 개만 골라도 삼만 원이 넘습니다. 돈이 없다고 생각하니 몸도 말썽입니다. 한 달 전부터 이가 쿡쿡 쑤십니다. 치과와 산부인과는 저의 집 가정경제의 치명타입니다. 아픈데 돈 없다고 병을 더 키울 수도 없고 고민이 되어 밥 먹다 엄마에게 이야기한 적이 있습니다.

"내가 돈 줄게 병원 가. 너는 나처럼 나이 들어서 고생하지 말아야지."

'야매'를 좋아하는 엄마가 저에게는 비싼 치과 요금을 내준다고 합니다. 그렇게 아끼고 아낀 쌈짓돈을 저에게 준다고 하니 마음이 편치 않습니다. 괜찮다며 거절했지요.

그렇게 돈이 소중한 엄마가 세 살짜리 아이를 데려와 딸로 키워준 것은, 어떤 의미였을까요? 저에게는 아낌없이 주면서 자신에게 가혹했던 엄마는 왜 그랬을까요? 엄마가 가끔 한 번씩은 이해되지만, 그 반대일 경우가 훨씬 많으니 마흔아홉의 나이에도 저는 아직 철부지인가 봅니다.

엄마는 아흔셋입니다. 엄마는 제가 꼬꼬마일 때부터 당신을 위해서는 야쿠르트 하나 마음 놓고 사 먹지 못했습니다. (약장사에 다니실 때 몇 년을 제외하고는) 당신을 위해서 자린고비를 자처하고 가족을 위해서는 갑부가 되었습니다. 엄마에게 남은 시간이 길지 않습니다. 부유하지 않지만, 최대한 엄마가 먹고 싶고 하고 싶은 것 하며 엄마를 위한 시간을 보내면 좋겠습니다. 아까워서 버리지 못하고 몇 번씩 끓이던 국, 당신보다 가족에게 양보하려 했던 백숙, 남들에게 선 뜻 내어주지 못하고 옷장 서랍 속에 숨겨둔 간식과 사탕, 열아홉이 된 손녀가 초등학교 때 입었던 러닝을 아직도 입고 있는 엄마가 이제는 조금이라도 달라졌으면 합니다. 평생을 그렇게 살아온 엄마가 가엽기도 하지만 미련해 보이기까지 합니다. 어쩌면 그리도 당신을 귀하게 여길지 모를까요. 이제라도 엄마가 자신을 더 존중하고 사랑하면 좋겠습니다.

그런 마음을 담아 엄마에게 한마디 합니다.

"엄마는 생선 대가리를 좋아하니까. 몸통은 내가 먹고 대가리만 엄마 줄게!"

⑤ 엄마는 나의 미래다

누구나 노인이 됩니다

"갱끼 가져와!"

가끔 엄마가 하는 말을 알아듣지 못합니다. 어제도 '찌금장'의 뜻을 몰라 엄마와 실랑이했습니다. 그런 것도 모르냐며 구박하는 엄마와 한바탕했지요. 엄마와 저의 나이 차는 무려 44년입니다. 10년이면 강산이 변한다는데 무려 4번이 넘습니다. 더군다나 요즘같이 변화가 빠른 시기에는 더할 겁니다. 같이 태어난 쌍둥이도 세대 차이 나는 시대에 엄마가 도통 무슨 말을 하는지 알아듣기 힘듭니다. 대화인 듯 싸움인 듯 몇 차례 이야기 끝에 갱끼는 사발, 찌금장은 쌈장이라는 것을 알았습니다. 한국 사람끼리 한국말을 하는데 말이 통하지 않으니 답답할 노릇입니다. 그뿐이 아닙니다.

'가이당, 와루바시, 쓰메끼리, 덴뿌라, 다마네기, 오봉, 곱부, 가세, 사라, 수지 등등'

일제강점기를 겪은 엄마의 생활 속엔 일본어와 사투리가 넘쳐납니다. 최대한 엄마를 이해하려 노력하지만, 외국인처럼 말이 통하지 않을 때는 통역사도 없어 답답합니다.

'왘구, 대나오시, 오함마, 시마이, 구르마, 뺀찌 등등'

공사 현장에서는 일본어가 무성하게 이용되는 상황이라 현장 직원들이 하는 말을 잘 알아듣지 못했습니다. 일명 '막노동꾼'들은 그들이 쓰는 말을 이해하지 못하는 사람을 인정하지 않았습니다. 처음 실내장식 회사에 입사했을 때는 엄마 마음이 이해되었습니다. 평생 일본말과 사투리를 써 온 엄마는 그런 말들이 자연스럽습니다. 생계를 이어가기 위해 막노동 현장에서 치열하게 일하는 사람도 자신들이 사용하는 언어에 대해 생각할 겨를이 없었을 겁니다. 언어는 그 사람의 삶입니다. 말을 통해 그 사람의 인생을 엿볼 수 있지요.

시대가 너무 빠르게 지나갑니다. 10년이면 강산이 변한다는 말은 옛날 말이고, 요즘은 몇 개월만 지나도 유행이 바뀌어 버립니다. 몇 개월만에 건물 뚝딱 지어 올리고 몇 년이면 온 동네가 송두리째 바뀌어 버리는 시대입니다. 엄마가 살았던 시절은 어디론가 사라졌습니다. 제가 어릴 때 살던 동네도 모두 변해버리고 그나마도 재개발로 지정되어 모두 이사하고 빈집들만 남았습니다.

저는 '요즘 줄임말'을 잘 모릅니다. 아이들 말로 별다줄(별걸 다 줄인다) 입니다. 옷에 유행이 있듯 말에도, 길에도, 건물에도, 자동차에도 변화가 대세입니다. 세상이 아무리 발달했다 하더라도 93세 노인이 스마트폰을 배울 리 만무하고, 텔레비전에서 보는 세상은 어지럽기만 합니다. 저 역시도 빠르게 변하는 세상에 적응하기 힘든데 엄마는 오죽할까 싶습니다.

무조건 자식이 부모를 이해해야 한다는 건 억울하기도 합니다. 얼마 전, 엄마는 방에서 없어진 현금 봉투를 저에게 내놓으라 합니다. 답답합니다. 봉투가 없어진 일은 한두 번이 아닙니다. 그때마다 혈압이 오릅니다. 집에 올 사람이 없는데 누가 가져갔냐며 저밖에 없다고 합니다. 저도 사람입니다. 아무리 자식이라도 참지 못하는 부분이 있지요. 저에겐 바로 돈 봉투가 그렇습니다. 고래고래 소리 지르고 싸우기도 하고 화가 나서 몇 시간 동안 말하지 않기도 합니다. 억울해서 눈물이 나고 가슴 터집니다. 나이 든 노모를 사랑해야 한다고 머릿속으로는 이해하지만, 가슴으로 받아들이기는 힘듭니다. 하루에도 몇 번씩 울화가 치밀어 오릅니다. 저도 모르게 언성 높입니다.

"내가 이 집 파출부야?"

퇴근하고 옷도 갈아입지 못했는데 밥 차리라며 식탁에 먼저 앉습니다. 종일 일하고 만원 버스 타고 부대끼며 퇴근한 딸이 안쓰러워 쉬라고 할 법도 한데, 어김없습니다. 섭섭합니다. 밥 차리고 나면 반찬 투정이 시작됩니다. 정확히는 입맛이 없음을 토로합니다. 밥상머리에서 늘 한숨을 쉬고요. 같이 먹는 사람까지 식욕이 떨어집니다. 먹던 숟가락으로 같이 먹는 반찬을 휘적거리고, 나물을 먹다가 질기다고 식탁에 뱉어 버립니다. 남은 반찬을 한 반찬통에 섞어서 넣고 버리지도 못하게 합니다. 화가 납니다. 하루에도 몇 번씩 제 마음속에서는 전쟁이 일어납니다. 노인과 함께하는 일상이 얼마나 힘든지, 겪어보지 못한 사람은 함부로 말해서는 안 됩니다. 일상입니다. 좋은 소리도 여러 번 들으면 기분 좋지 않은데 유쾌하지 않은 일들은 오죽할까요.

뉴스에 치매인 노모를 살해하고 자신도 같이 자살한 사건이 보도되었습니다. 잊을 만하면 한 번씩 나오는 비슷한 내용입니다. 부모를 모시는 자식이 더는 견디지 못하고 잘못된 선택을 합니다. 자식이 미흡하다고 욕하는 사람들 있습니다. 다른 한편으로는 오죽했으면 그랬을까, 안타까운 마음도 있습니다. 겪어보지 않고 지레짐작만으로 잘했다, 잘못했다 할 수 없습니다. 개인이 혼자 감당하기에 어려움이 큰 문제입니다. 사회적인 문제로 적극적인 개입이 필요합니다. 복지국가로 가는 길은 개인의 어려움을 사회가 함께 극복해야 하는 숙제가 있습니다.

　우리는 모두 노인이 됩니다. 고령화 현상을 문제로만 볼 일이 아니라 나의 미래라고 생각해야 합니다. 엄마를 보며 저의 미래를 봅니다. '나는 엄마처럼 하지 말아야지.' 생각하다가 '어쩌면, 나는 엄마보다 더할 수 있겠다!' 걱정합니다. 노년의 삶을 어떻게 살아야 하는가, 고민하지 않았습니다. 아직 먼 미래의 일이라고만 여겼기 때문입니다. 엄마와 함께 시간을 보내며 노인의 불편함, 사람들의 시선, 가족과의 관계 등등 노후의 전반적인 생활을 진지하게 들여다봅니다.

　노인과 함께 하는 생활은 쉽지 않습니다. 몸이 늙으면 자연히 아프고 병이 생기고 몸과 마음 모두 약해집니다. 긴 병에 효자 없다는 속담은 부모가 병을 앓으면 자식이 한결같이 효도하기가 쉽지 않다는 말이지요. 부모님께 정성 다하고 싶지만, 몸과 마음이 편치 않을 때는 부모님이 힘들게 느껴지는 건 사실입니다. 상황에 맞게 최선을 다하면 됩니다. 부족하더라도 자책하지 않았으면 좋겠습니다.

보은(報恩)은 은혜를 갚는다는 말입니다. 부모가 자녀를 위해 희생하고, 자녀는 부모에게 받기만 하는 시절이 우리에게는 있었습니다. 각자의 상황 모두 다르겠지만, 저는 세 살 때 엄마가 저를 입양해 정성껏 키워주셨기에 나름의 최선을 다합니다. 그런데 엄마에게는 한없이 부족한 자녀입니다. 자식 된 도리로 지난날의 은혜를 갚는 마음가짐으로 최선을 다할 뿐입니다. 가끔 제 능력 이상으로 무리해서 오히려 서로 상처받은 적이 있습니다. 과하지 않게 일상적으로 꾸준히 할 수 있는 일에만 집중하기로 했습니다.

나이 든 부모와 함께 사는 삶, 쉽지 않습니다. 그래도 최선을 다하는 이유는 함께 하지 못하게 되었을 때 후회를 남기고 싶지 않아서입니다. 저는 이기적인 사람입니다. 나중에 부모님 보고 싶을 때 볼 수 없는 상황이 오면 '그래도 후회는 없다!' 위안 삼고 싶습니다.

스스로 다짐하듯 독자에게 전하고 싶은 말이 있습니다.

힘들어도 조금만 인내해 주시기를,
다시 만나지 못하게 되었을 때 덜 후회할 수 있기를,
그리고 끝까지 자책하지 않기를.

늙어간다는 것은

노인 인구가 늘어나면서 노인 관련 산업이 성장하고 함께하는 이들도 많아졌습니다. 요양원과 요양병원이 생겨나고 요양보호사와 간병인도 증가했습니다. 재가 서비스 센터와 노인 복지 공구 관련업도 함께 성장했지요. 사회가 점점 고령화가 되면서 가정에 노인 관련 지출의 비용도 크게 늘었습니다. 일반 가계 지출 비용도 물가상승으로 커졌는데 집에 노인이 있는 가정이라면 가계에 큰 부담으로 작용하기도 합니다. 그 때문에 가정에 갈등이 일어나고 뉴스에서 좋지 않은 사건이 조명되기도 합니다.

출근길. 오랜만에 여자 택시 기사를 만났습니다. 지금껏 여자 기사 차를 탄 건 손에 꼽을 정도로 드물었습니다. 저에게 파스 냄새가 진동한다며 아프면 쉬어야 한다고 말합니다.

"너는 나중에 내 나이까지도 못 살 거다. 나보다 젊은 네가 맨날 아프다고 난리니."

이런저런 이야기 끝에 아흔셋의 엄마 말을 전했습니다. 기사는 엄마 말이 맞는 말이랍니다. 지금의 젊은이들은 먹고살려고 바쁘게 일하고 건강도 못 챙기는데, 노인들은 시간이 많으니 운동하고 건강하다고요. 공기 오염이나 대기 환경도 예전보다 나빠졌습니다. 먹거리와 각종 환경이 과거와 달라졌으니 지금 젊은이들이 더 건강하지 못한 건 어쩔 수 없는 일이랍니다. 엄마가 말할 때는 잔소리로만 듣고 흘려버렸는데, 기사의 말을 들어 보니 맞는 말인 것 같습니다.

49살 중년의 아줌마. 저는 종합병원이라는 별명을 가지고 있습니다. 아프지 않은 곳을 찾는 게 더 빠른 사람입니다. 몸 아프다고 가족에게 말해봐도 아무도 알아주지 않습니다. 오히려 "넌 왜 매일 아프냐?"라는 칼날 같은 말이 날아듭니다. '긴 병에 효자 없다.'라는 말이 왜 있는지 아느냐며, 아픈 것도 하루 이틀이지 매일 그러면 주변 사람들도 지친다고 합니다. 오랜만에 친구들을 만나도 '위에 혹이 생겼네, 조직검사 하네, 수술하네' 등등 누가 더 아픈지 내기하듯 말하곤 합니다. 동병상련으로 아픈 사람이 아픈 사람 이해한다고 수다로 마음을 달랩니다.

중년 나이에도 가족이나 회사 사람들에게 아픔을 공감받지 못합니다. 해야 하는 역할이나 주어진 일에 몸이 아프다는 이유로 책임을 다하지 못하면 피해를 주기 때문입니다. 그런 상황이 오면 아픈 사람은 입이 열 개라도 할 말 없습니다. 오히려 약점이나 단점으로 낙인찍히고 맙니다.

아프다 하면 사람들은 이해한다고 합니다. 얼마나 힘들겠냐며 위로의 말도 아끼지 않습니다. 하지만, 제 개인적인 상태로 자신의 감정이 상하게 되거나 불이익이 생기면 이야기는 달라집니다. 당사자가 아닌데 어떻게 백 프로 이해하겠습니까마는, 저의 아픔이 다른 이에게는 상처가 될 수도 있다는 사실을 깨달았습니다. 지금도 이런데, 제가 노인이 된다면 어떨지 암담합니다.

저 역시 노인이 될 겁니다. 과연 그때 지금의 엄마만큼 건강 유지를 할 수 있을까 장담할 수 없습니다.

노인이 되면 돈 쓸 일이 많아집니다. 병원도 가야 하고 생활비도 써야 합니다. 우스갯소리로 '숨만 쉬어도 몇백이 들어간다.'라는 말은 지극히 현실입니다. 경제적으로 부담스러워질 시기에 노후 준비를 하지 않았다면 어찌해야 할까요. 저 역시 나라에서 운영하는 국민연금에 가입한 게 전부입니다. 아이 키우며 먹고 사느라 준비하지 못했습니다. 지금보다 더 힘든 시기를 살았던 엄마는 저보다 더합니다. 엄마는 국민연금이 시작되기 이전부터 이미 정년이 지나서 가입할 기회조차 없었습니다. 뉴스에 나오는 노인 관련된 범죄와 사건 사고가 저와 전혀 무관하다고 말할 수 없는 것이 현실입니다.

노인이 되고 싶은 사람 없고, 아프려고 아픈 사람 없습니다. 우리 중 누구든 한 명도 빠지지 않고 늙고 병들어 세상을 떠나게 됩니다. 상상만으로도 두려운 것이 죽음입니다. 나이 들어갈수록, 몸과 마음이 약해질수록, 죽음의 공포는 점점 커집니다. 영원히 살 것처럼 자만하며 살다가 문득 노년에 와서야 떠안듯 받아들여야 하는 숙제처럼 느끼는 사람이 적지 않습니다. 중년 나이에 상상하는 죽음도 무서운데, 일상과 죽음을 함께하는 노인들은 어떨지 알 수 없습니다. 엄마는 매일 잠들기 전에 기도합니다. 자다가 큰 고통 없이 가게 해달라고. 아프더라도 일주일만 아프다가 죽었으면 좋겠다고. 그렇게 말하는 엄마가 홀로 견뎌야 할 외로움은 얼마나 큰 것일까요. 늙어간다는 것은, 표현할 수 없는 고독함 일 겁니다.

"뭐라고? 뭐라고? 뭐라고 하는지 하나도 안 들려!"
9월의 환절기 날씨. 아침에 일어나려면 오랜 시간이 걸립니다. 어디가 특별히 아프지 않지만, 어디인지도 모르게 온몸이 쑤십니다. 일어나 정신을 차리기까지 한참의 시간이 걸립니다. 옆으로 자면서 눌린 귀는 말소리조차 알아듣지 못합니다. 큰소리로 몇 번을 소리쳐야 고개를 제 쪽으로 돌릴 뿐입니다. 답답한 마음에 짜증이 나려다가 '엄마 나이 아흔 셋이지!' 마음 고쳐먹습니다. 엄마의 아침 식사를 죽으로 준비합니다.

엄마는 며칠 전, 밥 먹다가 밥알이 내려가지 않고 가슴을 후벼판다며 갑자기 명치를 두들겼습니다. 엄마의 얼굴은 사색이 되고 급한 마음에 화장실로 가서 먹었던 밥을 토했습니다. 가슴이 계속 답답하고 아프대서 소화제를 주었지만, 증상은 나아지지 않았습니다. 그 후로, 식사 시간만 되면 엄마는 긴장한 얼굴을 하고 밥을 바라보는 시간이 더 늘어났습니다. 연하곤란(삼킴장애)은 몸이 나이 들어 일어나는 현상으로 의사에게 약도 없다는 말을 들었습니다. 다만 평소 조심해야 할 식사 수칙에 대해 식품의약품안전처에서 제공한 내용을 참고할 뿐입니다.

첫째, 너무 뜨겁거나 차가운 음식은 피하고, 실온 상태의 음식을 먹는다. 둘째, 자극적인 음식 대신 부드러운 음식을 먹는다. 셋째, 작은 조각으로 된 음식은 피하고, 입안에 덩어리를 형성하는 음식을 먹는다. 넷째, 식사량이 적은 경우, 소량씩 자주 먹는다.(1일 5~6회) 다섯째, 적당한 점도가 있는 음식을 먹고, 끈끈하여 점막에 달라붙은 음식은 피한다.

    엄마는 93세입니다. 저에게 49년이라는 시간이 금방 지나갔듯이 엄마의 93년 또한 그리 흘러갔을 겁니다. 엄마는 눈 깜짝할 사이 이렇게 늙어버렸다며 세월이 허망하다고 했습니다. 늙어가는 것을 담담하게 받아들이는 사람이 얼마나 될까요? 저 역시 나이 들며 몸과 마음의 변화를 받아들이기 어려웠습니다. 한동안 우울했습니다. 지금 엄마의 마음이 얼마나 외로울지, 삶의 끝자락을 얼마나 마주하기 싫을지 가늠할 수 없습니다. 엄마가 어려운 상황에 놓여 있는 것은 확실합니다. 그런 상황에서 경제적 곤란까지 겪는다면 얼마나 끔찍할지 생각만으로도 아찔합니다.

    죽음. 언제 올지 몰라서 아주 먼 일로만 뒤로 미루는 숙제 같은 공포. 살면서 주변 사람들의 슬픈 소식을 접하며 간간이 훔쳐보는 일이었습니다. 죽으면 그만이라는 엄마의 말을 곧이곧대로 믿지 않습니다. 엄마를 통해 미리 보는 나의 노년이라 생각하면 아찔한 마음 당황스럽습니다. 눈물짓게 되는 일, 후회하게 되는 일, 눈 뜨면 앞에서 도사리고 있습니다. 늙어간다는 것은 두려운 일이 맞습니다. 그 쓸쓸하고 고독한 길, 엄마 홀로 외롭게 걷게 하지 않겠다고 되뇌고 되뇝니다.

지켜야 할 사람이 있다면

우리나라는 효가 반드시 지켜져야 한다는 유교 사상이 강합니다. 패륜아, 불효자, 자식 키워 봤자 소용없다는 말 등등 서양보다 동양에서 더욱 강조됩니다. 노인과 함께하는 시간, 남들에게 보이는 모습을 신경 쓰게 되는 것도 사실입니다. 효도하기 위해서는 자녀의 기본적인 생활이 안정되어야 더 실천하기가 쉽습니다.

비행기 이륙 전 승무원이 산소마스크 착용과 사용법에 관해 안내합니다. 반드시 '자신부터' 착용 후 옆 사람을 도와주라 하지요. 가족도 마찬가지입니다. 내가 안전하고 건강해야 가족을 지킬 수 있습니다.

"나는 늙어서 그렇다 치지만, 너는 젊은 애가 맨날 아파서 어쩌냐!"
메니에르병과 공황장애로 고생할 때는 노모보다 저의 건강이 우선입니다. 제 병부터 낫고 기운을 차려야 가족 돌볼 힘이 생기기 때문입니다. 제가 아플 때는 엄마의 건강보다 저의 건강에 더 집중합니다.

엄마는 아흔이 지나서야 살림에서 천천히 손을 뗐습니다. 국과 반찬 만들기를 절대로 저에게 허락하지 않던 엄마였습니다. 밥은 당신의 쓸모를 증명하던 중요한 임무였기 때문입니다. 세월은 가장 포기하기 싫은 일마저 내려놓게 했지요. 그러나 저의 건강이 나빠졌을 때 엄마는 저를 위해 기꺼이 다시 솥뚜껑 운전을 합니다.

우리 가족은 총 넷입니다. 남편과 저. 아이. 그리고 엄마 이렇게 넷이 삽니다. 아흔셋의 노모는 혼자 집에 있는 것을 두려워합니다. 엄마는 화장실에서 두 번이나 넘어졌습니다. 한번은 화장실에서 다리가 풀려 넘어졌고, 또 한번은 수면제 부작용 어지럼증으로 넘어졌습니다. 둘 다 집안에서 벌어진 일이고, 다른 식구들이 없는 시간에 일어났습니다. 이후, 화장실 문 닫는 것을 두려워하고 혼자 집에 있는 것도 외롭고 적적하다고 종종 말합니다. 하지만, 네 식구의 생계를 남편 혼자 책임지기는 어렵습니다. 저의 경력단절을 고사하고도 우리 집의 경제적인 이유가 그렇습니다. 고등학생 아이와 노모까지 책임져야 하는 일은 절대 쉬운 일이 아닙니다.

엄마와 함께하는 시간 갖고 싶습니다. 직장에 나가서 일할 줄만 알지, 살림에는 바보입니다. 엄마의 맛있는 반찬 솜씨를 배우고 된장 간장 고추장 담그는 비법도 물려받고 싶습니다. 열아홉 고등학교 졸업 전에 취업해서 지금까지 2년 남짓 쉰 기간이 있지만, 오로지 엄마와 함께한 시간이 없습니다. 아이를 돌보고 아픈 제 몸을 낫게 하려고만 했지, 오롯이 엄마와 함께한 시간과 추억이 없습니다. 한집에 살지만 저는 따뜻하고 살가운 딸은 아닙니다. 이제부터라도 엄마 곁에서 딸다운 모습으로 함께하고 싶지만, 여건상 그럴 수 없습니다. 당장에 먹고 사는 일입니다. 엄마와 함께하지 못한 후회는 마음의 응어리로 남겠지만, 형편상 어쩔 수 없는 현실입니다. 현실을 뒤로하고 엄마만 바라볼 수는 없습니다. 지켜야 할, 보호해야 할 사람이 있다면 더욱 경제적 여건을 생각해야 합니다.

아이는 존재만으로도 사랑스럽습니다. 걸으면 잘 걷는다고 칭찬받고, 웃으면 귀엽다고 칭찬받습니다. 심지어 똥을 싸도 시원하게 잘 쌌다고 칭찬받습니다. 아이는 부부 사랑의 결실로 태어난 소중한 존재입니다. 반면 자식은 부모에게 선택된 존재입니다. "누가 나를 낳으래?" 딸과 치열하게 사랑하고 싸웠습니다. 잘못된 길로 들어섰을 때나 말을 듣지 않을 때 교육하고 훈육했습니다. 모든 노인은 한때 우리의 보호자였습니다. 든든한 울타리로 자식을 지켜주던 사람들, 이제는 우리가 지켜야 합니다.

엄마가 아이가 되었습니다. 노인이 되면서 생각과 말과 행동이 아이처럼 참을성이 없어지고 요구사항이 많아집니다. 한때 저를 구속했던 부모의 나약해지는 모습을 지켜보면서 마음의 혼돈이 오기도 합니다. 엄마가 어린 저를 사랑스럽게 바라봐 주었듯이 저 역시, 나이 든 엄마를 그렇게 똑같이 바라볼 수 있다면 얼마나 좋을까요. 이래서 부모 사랑은 내리사랑이라고 하나 봅니다.

"입맛이 없어 밥을 못 먹으니, 이제 죽으려나 보다. 뭐라도 먹게 밥 좀 차려 봐라."

퇴근해서 현관에 들어와 신발 벗는 저를 보며 엄마가 말합니다. 한 시간 넘게 버스 타고 퇴근합니다. 소파에 대자로 누워 잠시라도 쉬고 싶습니다. 엄마는 제가 가방을 채 내려놓기 전에 종일 원했던 일을 따발총처럼 늘어놓습니다.

"엄마, 나 지금 너무 힘드네. 십 분만 쉬었다가 상 차릴게. 조금 기다려줘!"

당당히 기다려달라고 요청합니다.

엄마가 걱정할까 봐 집에서 일어나는 크고 작은 사건 사고를 알리지 않았습니다. 그랬더니 엄마가 철없는 아이처럼 변했습니다. 그것은 엄마의 탓이 아니라, 가족의 일원으로 인정하지 않는 저의 잘못이 아닌가 생각해봅니다. 인지장애도 아닌데 '엄마는 몰라도 돼!' 배제해버리니 감정의 교류와 공감 능력이 현저히 낮아졌습니다. 반대로, 알리지 않는 사실을 알게 되었을 때 당신의 역할에 대해서 '이제 부모로서 역할도 제외하냐'며 오해를 사 기분 상하는 일도 있었지요.

노인 보호자의 역할에서는 자기 관리 능력이 중요합니다. 억압된 감정과 스트레스를 줄이기 위해서는 자신에게 효과적인 감정 관리 방법을 찾아야 합니다. 명상, 요가, 심호흡, 음악 감상, 운동 등 무엇이라도 좋습니다. 누군가를 지키기 위해서는 제일 먼저 자신을 제어할 줄 알아야 합니다. 나를 챙기지 않고 보호해야 할 대상만 지키다가 한순간 폭발하면 걷잡을 수 없습니다. 뉴스에 나오는 안타까운 사건과 사고들이 더는 일어나지 않기를 바랍니다.

문지기가 쓰러지면 문은 열리기 마련입니다. 지켜야 할 사람이 있다면 제일 먼저 자신을 챙기기를 바랍니다. 그것이 모두가 함께 사는 길입니다.

엄마는 노인입니다

엄마와 저의 인연은 3살 때부터 시작되었습니다. 갈 곳 없어 남의 집을 전전하며 떠돌아다니던 저를 함께 살자고 받아준 유일한 사람이 엄마였습니다. 아무런 조건 없이 어느 날 갑자기, 엄마의 딸이 되었습니다. 초보 엄마는 밥을 저울에 재어 그램 수를 정해서 주었고 밥을 잘 먹지 않는 저 때문에 어려운 형편에도 원기소와 사골국을 먹이는 등 정성을 다했습니다. 학교에서 키가 제일 작아 매번 1번을 하는 저에게 먹지 못해서 크지 못한 거라며 초등학교 6년 내내 우유를 신청해 주었습니다. 초등학교 입학 전에는 고무줄놀이하면, 키가 큰다는 이야기를 듣고 종일 고무줄을 부여잡고 연신 잘한다고 칭찬해주었지요. 엄마는 제가 잠들고 나서야 몇 시간이고 저의 휜 다리를 정성껏 주물러주었습니다.

"사람 살려! 나 죽어요. 살려주세요!"

초등학교 1학년 입학 몇 달 후, 얼굴과 온몸에 열꽃이 피었습니다. 열은 40도를 넘고 정신이 혼미했습니다. 여덟 살의 저는 살려달라고 밤낮으로 고함쳤다고 합니다. 가난한 엄마는 달동네 꼭대기 집에서부터 산 밑의 소아청소년과까지 저를 업고 하루에도 두세 번씩 오르내렸습니다. 당시 엄마는 52세였습니다. 돈이 없어 대학병원까지는 가지도 못했습니다. 죽다 살아났습니다. 후유증으로 고막의 절반을 잃었고 귀가 약해졌습니다. 엄마는 여자애가 흉지면 안 된다며 얼굴과 몸에 연고를 떡칠해주었습니다.

"잘해주지도 못할 거면서 나를 왜 키웠어?"
"부모라면 자식한테 이런 건 기본적으로 해줘야 하는 거 아니야?"
사춘기 중학생 여자아이는 가슴에 비수를 잘도 꽂습니다. 의무교육이 없던 시절. 학교에 보내려면 육성회비를 내야 했습니다. 환갑을 앞둔 나이. 남의 집 식모살이하며 틈틈이 지우개 포장과 붕어빵 봉투 풀칠하고 번 돈은 모두 저에게 들어갔습니다. 그런데도 감사는커녕 불평불만만 줄줄이 늘어놓았지요. 가시 돋친 말과 뾰족한 목소리가 늘 엄마를 향했습니다. 그때 어쩔 줄 몰라 당황하던 엄마의 얼굴이 떠오르곤 합니다.

엄마의 93년 세월을 무엇으로도 보상할 수 없다는 걸 잘 압니다. 사람들에게 피부가 좋다는 말을 매번 들었던 엄마의 얼굴에도 주름이 늘어나고 검버섯이 생기고, 눈도 잘 보이지 않고 소리도 잘 알아듣지 못합니다. 앉았다가 일어나려면 서너 번의 시도가 필요하고 단박에 일어나지 못합니다. '아이고'를 몇 번이고 반복해야 겨우 일어설 수 있습니다. 화장실을 가려고 일어서는 찰나에 일은 벌어집니다. 당신도 답답한 마음에 스스로 욕하는 날 많아졌습니다. 무엇이든 빨리해야 했던 엄마, 성질이 급해 목소리도 큰 엄마, 당신의 맘에 들지 않으면 불편한 기색을 불 같이 드러냈던 엄마가 아이가 되었습니다.

아이가 오줌을 싸면 귀여운 실수라 합니다. 아이가 어떤 이유로 짜증을 내면 먼저 달래기부터 합니다. 모두 그렇지는 않겠으나 노인에게는 쉽사리 마음을 열기 힘듭니다. 왜 그런지 나름의 이유를 생각해보았습니다.

첫째, 나이가 많을수록 살아오며 쌓인 비법이나 요령으로 지혜롭게 여러 문제를 해결할 수 있다는 기대감이 크기 때문입니다. 자녀는 부모 교육을 받고 자라났기에 부모를 신뢰하는 경향이 있습니다. 그런 부모가 실수한다고 생각하면 받아들이기 어려울 수 있습니다. 둘째, 함께 사는 사람일수록 노인들의 달라진 행동의 변화를 쉽게 알아차리기 어렵습니다. 나이가 들면서 천천히 달라지는 부모님의 변화를 쉽게 알아채지 못해 당황스러운 상황이 벌어지면 대응하기 어려워집니다. 셋째, 노인 스스로 변화를 인정하지 않고 당신의 생각이나 행동이 옳다고 생각해 가족과의 갈등이 일어나기 때문입니다.

저는 엄마와 매일 투닥거립니다. 밥 먹자마자 치워야 하는 설거지를 왜 쌓아두냐부터 전기요금이 많이 나오는데 사람도 없는 거실에 불을 왜 켜놓는지, 온도가 34도까지 올라간 날 에어컨이 춥다고 끄라고 하는 일 말고도 엄마와 언쟁을 피할 수 없는 일이 가득합니다. 일일이 간섭하는 엄마가 부당하다고 생각하고, 이겨야 한다는 습관으로 큰소리 내다가도 '아! 엄마가 93세지!' 하는 생각이 드는 순간 입을 닫습니다. 엄마는 온도의 변화를 잘 느끼지 못합니다. 몸이 말라 뼈밖에 남지 않아 에어컨 바람이 춥습니다. 한여름에도 발이 시려 양말을 신고 성격상 일이 밀려 보기 싫어도 그 일을 해낼 수 없게 되어 뒷짐 지고 바라봐야만 합니다. 걸음걸이가 엉성하고 무릎이 아픕니다. 앉았다가 일어나려면 한참을 실랑이합니다. 무릎을 꿇었다가 한쪽 다리를 딛고 손으로 지탱할 무엇인가를 잡습니다. 그런데도 한 번에 성공하지 못하고 몸의 반동을 이용해 여러 차례 시도하다가 마침내 일어나게 되었을 때 안도의 한숨을 쉽니다. 한시도 가만히 있지 못하고 계속 무엇인가를 했던 엄마는 이제 침대에 누워있는 시간이 훨씬 더 길어졌습니다.

엄마를 통해 저의 노인이 된 모습을 상상해 봅니다. 엄마의 말대로라면 저는 엄마 나이까지 살아있을지도 의문입니다. 평소 '종합병원'이라는 별명을 가지고 있는 제가 엄마처럼 오래 살 거란 기대는 저 역시 하고 있지 않습니다. 다만 나의 10년 후, 20년 후를 생각했을 때 '과연 나는 어떤 모습일까?' 생각해봅니다. 이가 없어 음식을 잘 먹지 못하면 어떡하지? 관절이 아파서 걷지 못하면 얼마나 불편할까? 몸이 여기저기 아픈데 내 아픔을 아무도 알아주지 않으면? 죽음이 얼마 남지 않았을 때 나는 두려움을 어떻게 이겨낼까. 상상만으로도 수 없는 공포가 몰려옵니다. 홀로 이겨내야 하는 외로움과 고독함 생각하기도 싫습니다.

아이는 잘못을 모르고 실수합니다. 노인은 알면서도 어쩔 수 없이 하는 실수가 대부분입니다. 신체의 변화로 인한 실수들이 대부분이고 자신조차 인정하기를 꺼리는 노인도 많습니다. 그래서 노인 우울증도 빈번하게 일어납니다. 평상시 엄마의 짜증과 우울함 조금만 깊이 생각하면 이해됩니다.

　엄마에게 세상을 선물 받았습니다. 누구보다 엄마를 이해하는 딸이 되고 싶습니다. 엄마 편에서 생각하고 해줄 수 있는 일이 있는가 연구합니다. 엄마가 저를 위해 해주었듯 저도 나름의 노력을 기울입니다. 현실이고 일상의 연속입니다. 물론 인간이기에 가끔 짜증도 나고 화도 납니다. 자식의 말을 눈곱만큼도 인정하지 않으려는 고집불통 엄마가 미울 때 많습니다. 그런데도 자꾸 제 마음을 돌리는 이유는 나중에 후회하고 싶지 않아서입니다. 엄마가 보고 싶어도 볼 수 없을 때, 스스로 내 가슴을 치는 일 없도록 최선을 다하고 싶습니다.

　오늘도 어김없이 엄마의 짜증 섞인 잔소리 들려옵니다. 엄마가 노인인 걸 자꾸 잊어버리는 저에게 주문을 걸어봅니다.
　'엄마는 노인이다! 엄마는 노인이다! 엄마는 노인이다!'

준비된 죽음에 대하여

사람이라면 누구나 죽습니다. 그러나 영원히 살 것처럼 일상을 허투루 사는 사람들 많습니다. 당장 죽는다면 준비된 사람이 몇 명이나 될까요. 죽음에 대해 생각하기가 꺼려집니다. 생각만으로도 두렵고 무섭습니다. 그러나 진지하게 맞닥뜨리는 순간은 꼭 필요합니다. 죽음에도 준비가 필요합니다. 엄마의 모습을 보면서 죽음에 대한 자세와 준비의 필요성을 배웁니다.

엄마는 첫 번째로 영정사진을 준비해 두었습니다. 엄마는 10년 전에 영정사진을 준비해 두었습니다. 오래되기도 했고 마음에 들지 않는 구석이 있었는지, 이번에 다시 만들어 두었습니다. 사람들에게 보이고 싶은 모습을 상상이 아닌 실물로 보게 되니 느낌이 다릅니다. 영정사진은 당신을 대신해 손님을 맞이할 얼굴이니 신경을 많이 썼습니다. 두 번째는 수의입니다. 요즘 수의의 추세는 생전에 자주 입거나 좋아하는 옷을 입는 경향이 있는데, 엄마는 좋은 삼베 수의를 준비했습니다. 할머니께 좋은 수의를 해드리지 못했다고 두고두고 자책했던 엄마였습니다. 그런 경험이 당신 가는 길에 제일 좋다고 생각하는 옷을 고르지 않았나 생각해 봅니다. 세 번째는 묘입니다. 옛날부터 내려오는 속설로 가묘를 해두면 오래 산다는 말이 있었습니다. 이때부터 저는 엄마가 너무 과한 것 아닌가 생각했습니다. 엄마 나름대로 이유가 있겠지요. 도와주지 못할망정, 방해하지 말자고 뜻에 따랐습니다.

"나는 죽어도 집에서 죽겠다!"

이기적이라고 생각했습니다. 집에서 사람이 죽으면 112에 신고해야 합니다. 경위를 파악하려고 경찰조사가 시작되면 장례를 치르지 못하고 미루어질 수도 있습니다. 가족이 조사받아야 하기에 당연히 번거로운 일이 생길 겁니다. 부모님 죽음의 상실도 큰데 일련의 일어날 일들 생각만 해도 속이 시끄럽습니다. 그런데, 이 책을 쓰는 과정에서 생각이 달라졌습니다. 죽음을 맞닥뜨렸을 때, 병실에서 모르는 사람들 사이에서 가족을 기다리며 죽어갈 모습 상상하니 끔찍했습니다. 의식이 없는 상태에서 산소호흡기를 꼽고 의미 없는 시간을 차디찬 침대에서 보내고 싶지 않습니다. 살아있는 가치를 느끼지 못한 채 병실에서 시간을 보내고 그로 인해 가족에게 경제적인 부담도 주고 싶지 않습니다. 옛 어른들은 보통 집에서 죽음을 맞았습니다. 내가 살던 곳 침실에서 가족과 함께 죽음을 맞이하는 것은 요즘 시대에서는 어려운 일이 되었지요. 아프면 요양병원이나 요양원으로 보내지고 잘 알지 못하는 사람들 손에서 요양이나 병간호 받는 시대가 되었습니다.

죽음을 진지하게 생각할 때 하루는 선물이 됩니다. 모든 생명은 죽고 언제든 죽음을 맞이할 수 있습니다. 라틴어 '메멘토 모리'는 당신은 반드시 죽는다는 것을 기억하라는 말입니다. 어쩌면 삶은 죽음의 연장선이 아닐까요? 죽음이 두렵다고 생각하면 고통이 되지만, 자연스러운 일이라고 생각하면 다를 수도 있습니다. 죽는다는 것은 사람이 자연 일부로 다시 돌아가는 과정이라고 생각한다면 조금은 초연하게 받아들일 수 있지도 않을까 생각해봅니다.

모리 에이스케의 『암에 걸려 남은 날의 기록』 중에서는 그녀의 딸 이야기가 나옵니다. 죽음이 임박한 순간 친한 친구들을 차례로 불러 작별 인사를 전하며 생을 마무리했습니다. 또한, 일본의 시인 '이바라키 노리코'는 그녀가 세상을 떠나기 전에 미리 준비한 고별사를 친족이 일시와 병명만 채워 발송하기도 했습니다. 그들은 죽음을 대할 때 두려움에 발버둥 치기보다 초연하게 받아들였습니다. 그럴 수 있었던 이유는 아마도 죽음에 대한 마음의 준비가 되었지 않았을까 조심스럽게 추측해봅니다.

〈전지적 참견 시점〉 방송에 나온 '배우 윤종훈'은 40대의 젊은 나이에도 죽음에 관한 생각을 많이 하게 된다고 했습니다. 가까운 두 친구의 죽음이 인생에 대해 다시 생각할 수 있는 계기가 되었다고 합니다. 지금 행복하고, 자신이 할 수 있는 일을 열심히 하며, 주변 사람들을 배려하고 챙기고, 현재를 충실히 살아가기로 했답니다. 그가 삶에서 무엇을 집중하고 있는지 손수 작성한 만다라트 계획표에서 한눈에 알 수 있었습니다. 그것을 잊지 않기 위해 매일 복기하고 있다고 합니다.

죽음은 금기된 단어가 아닙니다. 죽음이 있기에 우리의 삶이 더 가치 있고 소중한 시간이 될 수 있습니다. 더 이상 죽음에 관한 생각을 뒤로만 불편하게 미룰 일이 아닙니다. 이는 죽음에 관한 생각에 매몰된 것과는 상당히 다른 이야기입니다.

사람마다 죽는 시기는 다릅니다. 올 때 순서는 있어도 갈 때는 순서가 없다고 했지요. 언제든 준비된 죽음을 맞이하고 싶습니다. 집에서 임종을 맞고 싶다는 엄마의 말처럼 저 또한 그렇게 하고 싶습니다. 우리나라에도 호스피스 가정 의료지원 혜택이 있지만 한해 0.2%의 환자에게만 주어진다고 합니다. 65세 이상 성인의 임종 선호 장소 1위는 집이지만 현실은 정반대입니다. 10명 중 7명 이상은 의료기관에서 생을 마감하고 집에서 임종한 비율은 16%에 불과합니다. (한국보건사회연구원, 2019년) 원하는 대로 집에서 지내면서 의사의 관리를 받고 고통을 줄일 수 있는 의료체계가 하루빨리 이루어지기를 간절히 바랍니다.

주변의 영향을 받고 살아가는 것이 인간입니다. 나보다 먼저 살아가는 부모님과 노인들을 통해 우리의 미래를 예상할 수 있습니다. 노후에 대한 막연한 두려움보다는 간접 경험을 통해 더 철저히 대비할 수도 있습니다. 나이 들어가는 것과 죽음에 대해 생각합니다.

회사 사장님 비위 맞추면 월급이 나오지만, 로또처럼 맞지 않는 엄마의 마음에서는 불평과 불만이 쏟아집니다. 힘들다는 것에만 초점을 맞추면 더 힘들어질 뿐입니다. 앞으로 남은 금쪽같은 엄마와의 시간, 준비된 그 날을 초연하게 맞이할 수 있도록 엄마의 진짜 마음에 귀 기울여

보렵니다.

"내가 숨을 거두려고 하면 빨리 내 지갑을 손에 쥐여줘. 저승 가서도 돈이 필요하대."

"아이고, 알았어. 엄마 지갑에 돈 넉넉하게 넣어줄게. 걱정하지 마!"

남들 말 신경 쓰지 마요

"설거지도 안 한 그릇에 밥 담아 주냐!"

십여 분 전, 설거지통에 쌓여있는 그릇을 둘러봤던 엄마가 밥상에 앉아 큰소리칩니다. 배고플까 빨리 밥을 차리겠다고 몇 개의 그릇만 먼저 닦아 상을 차렸습니다. 직접 보지도 않고 의심부터 합니다. 답답한 마음에 저도 목소리가 커집니다.

"엄마는 남의 말은 잘도 들으면서 내 말은 왜 안 믿어? 딸을 믿지 않으면 세상천지 누굴 믿어?"

친척들, 지인들 저만 보면 엄마한테 잘하라고 합니다. 엄마와 함께 지내보지 않은 사람들 말입니다. 저는 최선을 다합니다. 예민하고 까탈스러운 엄마라 더 신경 씁니다. 주변에 제 흉을 얼마나 보고 다니는지 귀가 따갑습니다. 엄마의 말만 듣고 저에게 모두 같은 말 합니다.

사람들은 남 말을 쉽게 합니다. 가십거리, 지나가는 말, 상대방 생각하지 않고 안주 삼아 말합니다. 그러니 듣는 사람도 신경 쓰지 말아야 합니다. 생각 없이 하는 말에 상처받지 말아야 한다는 걸 알면서 마음처럼 되지 않습니다.

몇 년 전, 고모가 이사하는데 집 계약 기간이 들어맞지 않았습니다. 그래서 한 달간의 공백을 우리집에서 머물기로 했습니다. 엄마한테 잘해라, 엄마를 이해하라 말했던 사람 중 한 명이지요.

"엄마가 너한테 왜 그러는지 도통 이해가 안 간다!"

사흘째 되던 날, 다른 사람에게는 하지 않는 말투와 행동을 저에게만 하는 엄마를 보며 고모가 말했습니다. 저에게만 쏘아붙이면서 말하는 것과 일일이 쫓아다니며 사사건건 간섭하는 엄마의 행동이 의아하다 했습니다. 유독 '너에게만' 그런다며 몰랐다고요. 처음 겪는 일이라 자신도 당황스럽답니다. 같이 지내지 않으면 절대로 알 수 없는 일입니다.

"노인들이 다 그래요. 젊은 사람이 이해해야지요."

엄마를 이해한다던 요양보호사는 8개월 만에 그만두게 되었습니다. 반찬을 만들어 달라고 해서 주면 맛이 없다, 입맛에 맞지 않다며 먹지 않았습니다. 엄마는 엄마 나름의 음식 만드는 방법이 있는데 묻지도 않고 마음대로 만든다며 탐탁지 않다고 합니다. 또, 당신이 만들어달라기 전에 미리 알아서 냉장고의 재료를 꺼내서 요리하면 되는데, 어떻게 일일이 만들어달라고 말해야만 만들어 주냐며 센스 없다고 했지요. 요양보호사의 입장은 남의 집이라 부담스러워 함부로 안 하는 건데, 엄마는 그걸 이해하지 못했습니다. 요양보호사가 일하지 않으려고 한다며 센터에 다른 사람으로 변경해 달라고 요청했습니다.

깡마른 몸, 내려간 눈꼬리와 눈썹, 기운 없이 축 내려간 어깨를 보면 엄마는 여리디여린 할머니입니다. 외모만 보면 누가 봐도 조용하고 얌전한 할머니지요. 외모의 그 어디에도 급하고 불같은 성격은 보이지 않습니다. 겪어보면 천지 차이. 아는 사람만 압니다. 까다로운 엄마는 요양보호사가 마음에 들지 않았습니다.

"있을 때 잘해. 나중에 후회하지 말고."
"딸이 져야지. 늙은 엄마 이겨서 뭐 하려고? 나중에는 싸우고 못 해 준 일만 생각나."
"나이 들면 다 그래. 넌 안 그럴 거 같냐?"
남 일이라고 쉽게 말합니다. 그러다 엄마 비위를 맞추지 못해 본인들이 서운한 말이라도 듣게 되면, 할머니는 너무 예민하다며 이해하지 않습니다. 이랬다가 저랬다가 마음이 갈대 같습니다.

엄마와 소소한 일에 자주 싸웁니다. 맨날 지고 있는 처지라 싸운다는 표현이 어울리지는 않습니다. 작게는 쓰레기 버리는 일, 설거지하는 순서와 방법, 빨래가 많다는 잔소리까지 모든 일은 엄마의 레이더망에 잡힙니다. 하루는 설거지 후 숟가락과 젓가락을 식탁 위 수저통에 꽂지 않았다고 온갖 역정을 낸 일이 있었지요. 이후로는 설거지하면 바로 수저통에 넣습니다.

식탁과 싱크대의 거리는 세 걸음입니다. 엄마의 이야기를 들어 보니 그건 저에게만 해당하는 이야기였습니다. 엄마는 의자에 앉았다가 일어서는 일이 무엇보다 힘들다 했습니다. 허리도 아프고 다리도 아프고 몸의 중심을 잡기도 힘들다고요. 일 년 전만 해도 집안에서 돌아다니는 일은 충분히 가능했었지만, 올해 들어 부쩍 앉고 일어서는 일이 힘들다고 합니다. 엄마의 뒤뚱뒤뚱 걷는 뒷모습이 넘어질까 불안해 보입니다.

누구보다 엄마를 이해하려 노력합니다. 이해하지 못한 부분은 대화를 통해서 알아가려 하고요. 사소한 일로 엄마랑 싸우는 모습, 남들이 보면 버릇없고, 공경하지 않는 불량한 태도로 보일 겁니다. 엄마와 딸입니다. 그 말은, 금방 싸웠다가도 다시 어쩌고저쩌고 아무렇지 않게 이야기하는 사이라는 겁니다. 누구보다 엄마와 저의 사이는 가깝다고 생각합니다.

3년 전, 아파서 일을 쉬고 예민했던 시기. 엄마와 별일 아닌 일로 매일 다투다시피 했습니다. 큰일도 아닌데 그냥 그러려니 하고 지나가면 좋을 텐데, 일거수일투족 간섭하고 짜증 내고 참기 힘든 시간이 있었습니다. 저도 몸이 아파 예민해져 있던 터라 엄마에게 보통 서운한 게 아니었습니다. 한 달 내내 싸우다시피 하고 고민 끝에 간병하는 가까운 친척에게 전화했습니다. 엄마가 평소 제일 의지하고 저의 욕도 많이 했었기에, 가장 먼저 생각났습니다. 엄마가 저와는 못 살겠다고 하니, 엄마를 모셔달라 했지요. 생활비도 보내고 큰 액수의 돈도 드린다고 했습니다.
"같이 살던 사람이랑 살아야지 어떻게 내가 모셔. 그냥 이해하고 살아야지!"
단칼에 거절당했습니다. 엄마도 제가 아니면 갈 곳 없다고 생각하니 괴로웠습니다. 오갈 곳 없는 저를 받아준 엄마인데, 못 쓸 생각을 한 것 같아 죄책감이 들었습니다. 엄마에게 무조건 져야겠다고 마음먹었지만 오래지 않아 다시 원래대로 '지지고 볶는 일상'으로 돌아왔습니다.

아무리 남이 내 편을 들어 준다 해도 남은 남입니다. 겪어보니 가까운 친족이라도 해도 마찬가지였습니다. 내 가족, 내 부모 내가 책임져야 합니다. 얼마 전, 엄마를 모셔달라 전화했던 친척에게 전화가 왔었지요.

"그래서 지금도 목돈이 있어? 내가 이런 거 물어봤다고 엄마한테 말하지는 말고."

단칼에 엄마와 살 거라며 거절했습니다. 단지 돈 때문은 아니었어요. 가장 가까운 친척이라면서 엄마를 돈으로 보는 사람들에게 소중한 엄마를 부탁할 수는 없습니다. 엄마가 한 번의 선택으로 저를 평생 딸로 인정했듯이 저 역시 엄마 없이는 안 됩니다.

제대로 알지도 못하고 주변에서 쉽게 하는 말들, 신경 쓰지 마세요. 남들 말에 상처받기 쉽지만, 그들은 진짜 내 마음을 모릅니다. 말은 쉽게 해도 행동으로 할 수 없는 일을 우리는 실행하고 있습니다. 몸과 마음으로 정성을 다하는 것. 우리 자신이 알고 인정하면 됩니다. 잘 모르는 남들 말에 휘둘리지 말고 우리는 우리 갈 길 계속 가면 됩니다.

노인 돌봄 유의 사항

아이 보는 일이 만만치 않듯 노인 돌보는 일 또한, 어려운 일입니다. 주변 사람들이 부담스러울 수 있지요. '어른이 아이보다 나으니 더 낫겠지!' 막연하게 생각하면 오산입니다. 갑작스럽게 일어나는 사건 사고를 대비하고 서로 스트레스받지 않으려면 미리미리 예방하여 긴장감을 줄일 수 있습니다.

신체적 건강관리

정기적인 건강검진과 약물 복용 관리를 해야 합니다. 건강 상태를 수시로 살피고, 필요한 경우 의료진과 상담해야 합니다.

엄마는 고혈압, 당뇨, 고지혈, 불면증, 어지럼증, 요실금 등이 있습니다. 그 밖에도 자주 두통과 복통이 있지요. 찬 음식만 먹으면 설사를 해서 한여름에도 따뜻한 물을 마십니다. 7시 초저녁에 피곤해서 잠에 쓰러지고 새벽에 깨어납니다. 가족들이 모두 잠든 시간이라 혼자 텔레비전 봅니다. 귀가 잘 들리지 않아 볼륨을 크게 틀어 가족들이 강제 기상하게 되는 날이 부쩍 늘어났습니다.

　연하곤란이 있어 식사하기 힘듭니다. 식사량이 현저히 줄어들어 엄마 방에는 여러 가지 간식을 비치해 둡니다. 당이 떨어지면 식은땀 나고 큰일납니다. 단백질 음료와 사탕, 과자를 종류별로 준비해 두었습니다. 다리에 쥐가 나거나 아파서 움직이기 힘들 때, 저를 부를 용도로 엄마 침대 머리맡에 호출벨을 설치했습니다.

　집에서 가까운 병원(내과)을 한 군데 지정해 놓았습니다. 엄마의 아픈 증상을 의사가 모두 알고 있습니다. 약의 중복과 사고도 예방하고 거동이 불편한 엄마가 편하게 관리받기 위해 가까운 병원을 지정했습니다. 더 큰 병원으로 가야 한다면 소견서도 받을 수 있습니다. 동네 주치의 나름 선정해 두었습니다. 엄마의 병에 대해 조언도 받고 도움받습니다.

정신적 지지와 지원

　노인은 아무것도 할 수 없다는 생각을 버려야 합니다. 노인의 의견과 감정을 존중해야 합니다. 대화와 소통을 자주 해야 하며 사회적 활동을 지지해야 합니다.

　엄마는 비록 초등학교도 나오지 못했지만, 살아온 날의 지혜가 가득합니다. 생각지도 못했던 해결 방안을 모색하거나 이야기해 줍니다. "남의 돈을 벌려면 내 간을 내놓는다는 심정으로 일해야 한다!" 투박한 위로이지만 힘이 됩니다. 역으로 엄마의 감정과 의견에 따르지 못할 때는 오해하지 않도록 설명합니다. 대화와 소통을 자주 해야 노인 우울증 얼씬하지 못합니다.

　동네 놀이터에서 엄마 나름대로 사회활동 합니다. 몸 상태 좋은 날은 놀이터에서 몇 시간이고 앉아 동년배 할머니들과 이야기 나눕니다. 엄마와 늘 짝지어 다니는 이웃집 할머니와도 사이가 좋습니다. 자식들과 세대 차이로 이해받지 못하는 마음 서로 위로하고 추억합니다.

안전한 환경 유지와 관리

집은 가장 오래 머무르는 공간인 만큼 위험 요소를 제거하고 낙상 방지를 예방해야 합니다. 미끄럼방지 매트를 사용하거나 필요할 경우, 집안에서도 보조 보행기를 사용합니다.

엄마가 잠자다가 침대에서 떨어진 적이 있습니다. 원래는 얌전하게 자는 편인데 불면증으로 인한 수면제를 복용하고 일어난 일이었습니다. 다행히 크게 다치지 않았지만, 놀란 가슴은 오래도록 지속됐습니다. 청심환을 열흘 동안 먹었습니다. 침대에 미리 안전바를 설치하지 못한 일을 후회했습니다. 소 잃고 외양간 고쳤습니다만, 앞으로는 그런 일이 다시는 일어나지 않을 거로 생각하니 안심되었습니다.

퇴행성관절염으로 다리가 약하고 근육이 많이 빠져서 힘이 없습니다. 집에서도 걷기 운동으로 근육을 단련하고 무릎이 아픈 날에는 보조 보행기도 사용합니다.

방문 앞과 화장실 앞에 안전바를 설치하고, 화장실에도 변기용 안전바 설치했습니다. 한밤중 어두운 곳에서 넘어질까 봐 걱정되어 침대 옆 지지봉도 설치했습니다. 엄마 방 앞에 센서 등도 달았고 밤에 이동하는 것은 위험해서 방안에 이동식 변기를 준비했습니다.

일상생활 지원

　식사와 목욕, 옷 입기 등 일상적인 활동을 예의 주시합니다. 가능한 한 스스로 할 수 있도록 돕는 것이 중요합니다.

　노인이 음식을 섭취하지 못하면 기운이 떨어지고 넘어지거나 다칠 위험이 있으므로 식사하지 못했다면 다른 간식과 먹거리 과일 등을 준비합니다. 엄마는 밥을 먹지 못해 다리에 힘이 없어 여러 번 넘어진 경험이 있습니다. 당뇨 환자를 위한 단백질 음료, 쌀과자나 과일 등을 준비해서 꼭 밥이 아니더라도 영양분을 섭취할 수 있도록 준비합니다. 또한, 더운지 추운지 몸이 민감하게 반응하지 못합니다. 엄마는 한여름에도 추위를 타고 양말을 신습니다. 엄마 몸 상태에 맞게 조절할 수 있도록 돕습니다. 옷 입기, 양말 신기, 가벼운 씻기 등은 스스로 하도록 하고, 목욕이나 머리 감기 등 혼자 중심 잡기를 해야 하거나 넘어지기 쉬운 동작은 2차 사고 예방 차원에서 저와 요양보호사가 함께합니다. 일상에서 부주의해서 다치는 일이 없도록 지속해서 관심을 가져야 합니다. 예방이 제일 중요한 이유, 노인이 다치고 건강이 급격하게 안 좋아지는 경우를 여러 번 봐왔기에 두려운 이유가 되었습니다.

　집에 환자가 있으면 집안 분위기가 가라앉고 전체가 우울해지는 경향이 있습니다. 노인의 건강을 꾸준히 관리하고 긍정적인 생각을 할 수 있도록 가족이나 친구들과의 소통을 적극적으로 지원해야 합니다. 건강을 유지할 수 있도록 주의 깊게 관찰하고 가족의 일원으로서 작은 일의 역할을 분담하도록 하여 소외감을 느끼지 않도록 해야 합니다. 엄마는 솥뚜껑 운전을 은퇴하였지만, 선원의 역할은 아직도 훌륭히 수행하고 있습니다.

노인 돌봄과 아이 돌봄은 모두가 아는 힘든 일임은 분명합니다. 어렵다고만 생각하면 더 어렵게 느껴집니다. 노인이 한 가정의 일원으로서 인정받고 살아갈 수 있도록 서로 도와야 합니다. 갑작스러운 일이 생기기 전에 미리 준비한다면 힘들지만은 않을 겁니다. 할 수 있는 한, 미리 예방하고 준비하면 가족 모두가 편안하고 건강하게 지낼 수 있습니다!

죽음도 공부해야 합니다

 죽음이 두려운 이유는 경험하지 못한 일이라 더 그럴 겁니다. 사람들은 두려움 때문에, 죽음에 대해 말하기를 꺼립니다. 그러나, 전문가들은 더 많이 이야기하고 그 느낌과 두려움에 대하여 공유하라 합니다. 죽을 뻔한 경험을 했거나 위기 상황에 대처하는 방법을 나눌 수 있어서 준비할 수도 있습니다. 위급한 상황에서의 대처 능력 공부해야 합니다.

 단순 노환이 아닌 암이나 질병에는 고통이 따를 수 있습니다. 큰 고통이라면 전문가의 도움을 받아 통증을 감소할 수 있는 약물이나 주사의 도움을 받는 것이 당연합니다. 병원에서 관리받거나 임종시설을 이용하기도 합니다.
 노환의 임종 증상은 질병과는 다릅니다. 노인은 곡기를 끊으면 돌아가실 때가 되었다고 합니다. 잠자는 시간이 길어지고, 기억력이 감퇴하며 초점이 불투명해집니다. 혈액순환 저하로 손발이 차고 건조해지고 가래 끓는 소리가 납니다. 혈압과 맥박이 빨라졌다가 느려지고 호흡도 같습니다. 폐 근육이 약해져서 숨쉬기가 고르지 못하고 호흡 기능이 떨어집니다. 임종 직전에 사전 천명(거친 숨소리)이 들립니다. 정신력이 약해지고 불안해져서 알 수 없는 말을 하거나 심하면 가족까지 알아보지 못하는 때도 있습니다. 섬망 증상이 나타나 감정적으로 격해지기도 하고 돌발적인 행동을 하기도 합니다. 식사량과 수분 섭취가 점점 줄어들고 입으로 숨 쉬게 되면서 입 마름 현상도 나타납니다. 38도 이상의 고열이 나기도 하지만, 혈압이 떨어진 상태라 해열제 사용이 어렵습니다. 물수건이나 거즈로 물을 적셔주어서 고통을 덜고 가습기의 사용도 호흡에 도움이 됩니다.

임종이 다가오면 음식과 물을 섭취하지 못하기에 소변량이 줄고 신장 기능이 저하되어 진한 소변 색을 띱니다. 지병이 있는 경우는 고통이 감소하고 구역감이 없어지고 기침도 줄어듭니다. 위급해졌다가 괜찮아지기를 반복합니다. 임종 직전에는 거짓말처럼 상태가 호전된 것으로 보이는 때가 있는데 정신이 맑을 때 가족과 이별 인사를 미리 해 두는 것이 좋습니다. 의식이 없는 코마 상태에 들어가도 청각은 오래도록 살아있기에 하고 싶은 말을 하면 됩니다. 사랑한다고, 고생 많았다고, 만나서 행복했다고.

"선생님, 갑자기 백신 부작용이 나타나서 죽으면 어떻게 해요? 너무 고통스럽지 않을까요?"

나의 질문에 선생님이 당황한 듯하다가, 사람이 죽을 것처럼 극한의 아픔이 오면 의식이 없을 거라고 말했습니다. 저는 의사의 대답을 들은 후부터 왠지 마음이 편해졌습니다. 죽음은 고통과 직결된다고 생각했기에 더욱 마음이 놓였습니다.

　엄마는 할머니의 임종을 지켰습니다. 그런 엄마 역시 항상 잠자듯이 편안하게 갔으면 좋겠다고 말합니다. 지켜보는 사람도 간호하는 사람도 조용하지만, 각자 마음에서 사투를 벌입니다. 태어날 때의 모든 기억이 아픔 없이 태어났듯이 세상 떠날 때도 고통이 없기를 바랍니다.

　"나는 병원 안 가고 집에서 죽을 거다!"
　엄마는 죽음 이야기 끝에 입버릇처럼 말했습니다. 아는 사람 하나 없는 병원에서 살았는지 죽어있는지도 모른 채 산소호흡기에 의지해서 숨만 붙어 있는 건 사는 게 아니라고요. 하루를 살아도 마음 편히 살고 싶다고 했습니다. 사람의 목숨이 당신 마음대로 되지 않는 걸 알면서도, 기도하듯 그렇게 되풀이했지요. 아파도 딱 일주일만 아프고 죽었으면 좋겠다고, 고생하지 않고 잠자듯 편안하게 가고 싶다고 말입니다. 한해 한해 나이가 들수록 빨리 죽어야 한다고 말하지만, 진심이 아닐 것으로 생각합니다. 더 오래 살고 싶어서가 아니라 죽음에 대한 두려움이 큰 이유입니다.

　93년, 웬만해선 무서운 것이 없고 누구보다 당당한 여장군처럼 살아왔습니다. 90세까지 안살림 놓지 않았고 한번 마음먹은 당신 뜻 굽히지 않고 살아왔습니다. 한국전쟁의 두려운 틈에서도, 일제강점기 속 언제 잡혀갈지 모르는 공포 속에서도 당신 할 일 열심히 하면서 꿋꿋하게 버텨냈습니다. 자신을 지키기에도 힘들고 가난해서 두려웠을 50을 바라보는 나이. 지우개 포장, 붕어빵 봉투, 남의 집 파출부, 식모 온갖 일 마다

치 않고 일했습니다. 힘들게 번 돈은 피 한 방울 섞이지 않는 저를 위해 사용되었습니다.

93살의 노모는 지금까지도 연금을 모아 저에게 쌈짓돈으로 용돈을 줄 만큼 강한 생활력을 가졌습니다.

몇 해 전, 사거리 건널목에서 엄마가 교통사고로 크게 힘든 적이 있었습니다. 건널목을 건너는 엄마를 우회전하는 버스가 전방 부주의해서 사고를 냈지요. 다행히도 생명에 지장이 없었지만, 허리뼈가 부러져 꼼짝없이 119에 실려 가 병원 신세를 져야만 했습니다. 나이가 많아 수술은 힘들다고 해서 시술을 받았습니다. 나이 탓인지 회복이 더디고 몸이 급격히 노쇠하였습니다. 그 사고는 죽음의 공포를 느끼게 할 만큼 엄마에게 큰 충격이었습니다. 부쩍 겁이 많아졌고 불안감도 높아졌습니다. 그래서 엄마와 시간을 더 많이 보냈고, 이야기도 많이 했습니다.

아는 것이 힘이라고 공부가 약이 됩니다. 엄마는 이미 할머니의 임종을 경험했기에 그 과정을 다 알고 있었습니다. 두렵기는 하겠지만 아무것도 모르는 것보다 아는 게 낫겠지요. 미덥지 않은 딸이라 생각하겠지만 엄마와 대화하려고 노력합니다. 무엇이 불편한지, 어떤 감정이 드는지, 불편함을 어떻게 해소하길 바라는지 최대한 공감하고 해결해 보려 합니다. 미안해서 똑 부러지게 말하지 않으니, 제가 더 질문합니다. 나중에 '내가 엄마를 위해 무얼 했나!' 자책하는 일이 없기를 바라면서, 오늘도 신나게 엄마 옆에서 반은 싸움 같은 대화를 이어나갑니다.

엄마의 아픔. 이해한다고 하면서도 직접 겪는 일이 아니다 보니, 부족한 부분 많을 겁니다. 모르는 일이 많기에 더 알아가려 합니다. 노인이 겪는 신체적인 어려움, 오랫동안 아프면서 겪는 상실감과 우울감, 공감되는 대화를 할 수 있는 동년배의 친구 등등 스트레스를 줄이고 안정감을 찾는 일에 집중합니다. 엄마의 마지막 순간까지 부족하지만, 최대한 응원하려 합니다.

마치는 글

"너는 효녀야!"

주변 사람들 말 믿지 않습니다. 제가 효녀라고 생각한 적 없습니다. 엄마 마음 편하게 해주어야 하는데 그러지 못했습니다. 오히려 불효자에 더 가깝습니다. 엄마를 위한다는 생각보다는 지난 경험으로 제가 엄마에게 져야, 엄마가 건강할 거라는 알 수 없는 신념이 생긴 것뿐입니다. 제가 엄마에게 선물 받은 인생. 평생 엄마를 이길 수 없는 이유이자 이겨도 질 수밖에 없는 근거입니다.

'가슴으로 낳는 아이' 행동으로 실천하기에는 아무나 할 수 없는 특별한 일입니다. 보답하고 싶습니다. 하지만 마음처럼 되지 않습니다. 제 나이 3살 때 만나 올해로 46년. 한 가족으로 살아온 세월에 대한 보답을 엄마에게 어떻게 갚아야 하는지 모르겠습니다. 남들처럼 평범하게 일상을 삽니다. 양보할 수 있는 일은 양보하고 그렇지 않은 일에는 치열하게 싸웁니다. 싸우고도 뒤돌아서면 아무 일 없듯이 다시 대화하는 그런 흔한 모녀 사이입니다.

아이 낳고 19년. 세월이 어떻게 흘렀는지 모르게 저는 곧 오십 줄에 들어섭니다. 결혼하고 아이 키우고 직장 다니며 정신없이 현실에 치여 살다 보니, 나이 먹는지 모르고 살았습니다.

"세상 참 좋아졌네. 이렇게 좋은 세상, 더 오래 보고 살고 싶다."

엄마의 93년도 그러하다 했습니다. 가난해서 배곯고 옷 한 벌 제대로 입지 못했던 시절 보내고, 이제야 살만해졌는데 죽을 날 앞두고 있다며 속상해하던 엄마의 말이 잊히지 않습니다. 엄마의 시간이 그리 빨랐듯이, 저 또한 그런 날이 오고야 말겠지요.

저와 엄마의 44년의 나이 차이는 '세대 차이'라는 단어로도 표현하지 못할 만큼 멀고도 깁니다. 그런데도 제가 엄마를 이해하려 노력하는 이유는 남들보다 좀 더 '특별한 가족'으로 묶여 있는 사이라서입니다. 일반적으로도 부모와 자녀가 그렇듯이 '함께 살아가는 사람'은 서로에게 너무도 소중하기 때문입니다.

속담에 '부모는 열 자식을 키워도 자식은 한 부모를 섬기지 못한다.'라는 말이 있습니다. 내리사랑은 당연하지만, 자식이 부모에게 효도하는 일은 그만큼 어렵다는 뜻이지요. 더욱이 핵가족화가 빠르게 진행되면서 부모를 생각하는 마음보다 자신이 이룬 가족이 더 소중하다고 느끼며 사는 시대가 되었습니다. 젊은이들은 결혼하지 않고 자녀를 낳지 않아 사람 수가 줄어들고 있습니다. 결국, 노인이 많아지고 태어나는 아이는 적어 인구는 역피라미드 구조가 되었습니다. 그에 따라 생기는 노인 문제 등은 시대가 변하는 만큼 사회적 문제도 심각하게 떠오르고 있습니다. 그래서 '효'는 과거보다 뒷전으로 당연하게 밀리게 되었습니다.

그래서 저는 효가 더 강조되어야 한다고 생각합니다. 효의 대상이 다름 아닌 '우리의 부모, 우리의 가족'이기 때문입니다.

일상에서 노인이 된 엄마를 조금이라도 더 이해하려 합니다. '효도하는 척' 흉내라도 내봐야 나중에 마음의 짐을 잠시나마 내려놓을 수 있을 것 같습니다. 이기적인 생각에서 출발한 효도지만 나중의 저를 위해서라도 숙제하듯이 조금씩 해보려 합니다. 엄마의 상황에서 생각하고 불편한 상황을 개선할 수 있는 사람은 가족인 우리만이 할 수 있는 일입니다. 보고 싶어도 볼 수 없게 된 날. 울고불고 애달파 봤자 아무것도 할 수 없음을 우리는 이미 알고 있습니다. 그날의 후회를 조금이라도 덜 수 있도록 할 수 있는 만큼 해보려 합니다. 노인과 함께하는 삶. 쉽다고 할 수 없지만, 힘들고 어렵다고만 할 수도 없습니다. 우리도 머지않아 노인 되는 날은 분명히 올 것이고, 그때 우리는 부모님을 떠올릴 수밖에 없을 겁니다.

일상이 모여 우리의 삶을 완성하듯이 그 '하루'가 소중했으면 합니다. 노인의 하루와 젊은이의 하루는 분명 다릅니다. 제가 아무렇지도 않게 하는 행동들이 엄마에게는 어려운 일임을 생활 속에서 봐왔습니다. 화장실 가는 일이 힘들어 이동 변기를 방에 두고, 다리에 힘이 없어 집안에서도 보행기를 사용합니다. 음식을 씹는 일과 소화하는 일등 어느 하나 쉬운 일이 없습니다. 모든 일이 힘들지만, 그중에서 가장 힘든 건 마음의 병입니다. 아픈 기간이 길어지면 마음마저 병들기 쉬워집니다. 속마음은 잘해야지 하면서도 현실에서 지내다 보면 다투는 일 많아집니다. 서로 예민해져 마음에 상처 날 말을 하게 됩니다. '아차'하는 순간 말은 입 밖으로 나가버렸고 엄마가 상처받아 드러눕는 일이 발생하기도 했습니다. 몸의 병도 힘든데 마음의 병까지 얻게 한 그 후부터는 말조심합니다. 몸 아픈 것보다 마음 아픈 것이 노인에게 더 큰 타격을 준다는 것을 체험했습니다. 몸이 늙었다고 마음조차 늙은 것은 아니기에, 상처를 줄 바엔 조용히 입을 닫는 것이 현명한 선택임을 알게 되었습니다.

엄마의 몸은 아프지만, 마음만은 온전하기를 바랍니다. 세 살 버릇 여든까지 간다는데 아흔이 넘은 노모를 제가 바꿀 수는 없는 노릇입니다. 엄마가 마음 편하게 지낼 수 있다면 저는 조금 불편해져도 괜찮다고 생각합니다. 그럼에도 어떤 날은 노력이 빛을 발하고 또 어떤 날은 안될 수도 있습니다. 우리는 사람이고 감정이 있고, 생각한 대로 이루지 못할 날이 무조건 있을 겁니다. 죄책감을 가지라는 말이 아닙니다. 그저 남아 있는 얼마간의 하루하루가 편해지도록 노력하자는 말입니다. 제가 노인이 되었을 때, 저의 딸이 저에게 해주길 바라는 마음으로, 엄마에게 노력하고 싶습니다. 지금 할 수 있는 일은 엄마의 노인 된 마음을 헤아리려는 노력, 그뿐입니다.

따지자면 저는 불효자입니다. 노모와 일상에서 웃고 싸우고 지지고 볶고 엄마와 할 수 있는 모든 일 거침없이 하고 있습니다. 양보하는 날도 있고 끝까지 이겨야 직성이 풀리는 날도 있습니다. 일상에서 엄마와 했던 사소한 일들이 추억이 되었을 때 또 그 기억으로 제가 살아갈 수 있으면 됩니다. 그러니 '더 치열하게 지지고 볶는 일상'을 원 없이 느끼시기를 바랍니다. 저는 오늘도 '언젠가 올 그날'을 위해 차곡차곡 추억을 저금하고 있습니다.